もくじ

ひとやすみクイズ ◆その1 …… 59

- 動物に働きかけるひみつ道具 …… 5
- 流行や宣伝に役立つ(?)ひみつ道具 …… 11
- 乗って使うひみつ道具アレコレ …… 17
- お金を貯めるひみつ道具 …… 23
- ペン&クレヨンタイプのひみつ道具 …… 29
- 自由自在に時間をコントロール…!? …… 35
- 立場を入れ替えるひみつ道具 …… 41
- 見えなくなる道具で大さわぎ …… 47
- バッジタイプのひみつ道具 …… 53

- 吹いて使うひみつ道具アレコレ …… 63
- 言うことをきかせるひみつ道具 …… 69
- 食べると何かが起こるひみつ道具 …… 75
- 雪や氷にまつわるひみつ道具 …… 81
- ほんとうはおそろしい(?)ひみつ道具 …… 87
- 頭にかぶって使うひみつ道具 …… 93
- 顔にまつわるひみつ道具 …… 99
- 異世界への入口となるひみつ道具 …… 105
- アドバイスしてくれるひみつ道具 …… 111

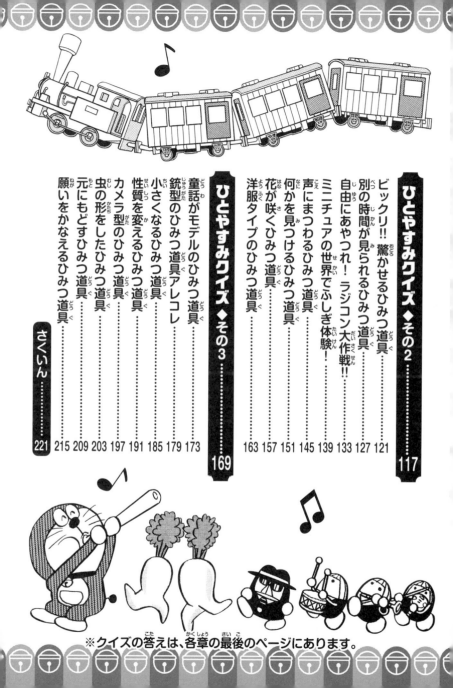

ひとやすみクイズ ◆その2 … 117

- ビックリ‼ 驚かせるひみつ道具 … 121
- 別の時間が見られるひみつ道具 … 127
- 自由にあやつれ！ラジコン大作戦‼ … 133
- ミニチュアの世界でふしぎ体験！ … 139
- 声にまつわるひみつ道具 … 145
- 何かを見つけるひみつ道具 … 151
- 花が咲くひみつ道具 … 157
- 洋服タイプのひみつ道具 … 163

ひとやすみクイズ ◆その3 … 169

- 童話がモデルのひみつ道具 … 173
- 銃型のひみつ道具アレコレ … 179
- 小さくなるひみつ道具 … 185
- 性質を変えるひみつ道具 … 191
- カメラ型のひみつ道具 … 197
- 虫の形をしたひみつ道具 … 203
- 元にもどすひみつ道具 … 209
- 願いをかなえるひみつ道具 … 215

さくいん … 221

※クイズの答えは、各章の最後のページにあります。

本書で紹介しているひみつ道具の出典

※巻数とタイトルは、てんとう虫コミックス『ドラえもん』、『ドラえもんプラス』、『大長編ドラえもん』、『カラー作品集』、藤子・F・不二雄大全集『ドラえもん』のものです。

略号一覧

(○巻)	▶てんとう虫コミックス『ドラえもん』(1〜45巻)
(プラス○巻)	▶てんとう虫コミックス『ドラえもんプラス』(1〜7巻)
(大長編○巻)	▶てんとう虫コロコロコミックス『大長編ドラえもん』(1〜24巻)
(カラー○巻)	▶てんとう虫コミックススペシャル『ドラえもん カラー作品集』(1〜6巻)
(大全集○巻)	▶藤子・F・不二雄大全集『ドラえもん』(1〜20巻)

▶てんとう虫コミックス『ドラえもん』(1〜45巻)

▶てんとう虫コミックス『ドラえもんプラス』(1〜7巻)

▶てんとう虫コロコロコミックス『大長編ドラえもん』(1〜24巻)

▶てんとう虫コミックススペシャル『ドラえもん カラー作品集』(1〜6巻)

▶藤子・F・不二雄大全集『ドラえもん』(1〜20巻)

Q1 のび太が助けたお店はどれ？

自分にそっくりなすてネコをひろったドラえもんは、かい主になってくれる人をさがすが見つからない。「カムカムキャットフード」でネコをまねきネコにすれば、はやっていないお店がもうかってくれるはず！ドラえもんとのび太が助けようとしたお店屋さんは次のうちどれ？

カムカムキャットフード
(37巻「カムカムキャットフード」)

だんごのような形の「カムカムキャットフード」をネコに食べさせると、どんなネコでもまねきネコになる。

▶「カムカムキャットフード」を食べたネコは、お客をまねきよせるまねきネコになる。ただしその効きめは三人だけ。

▲のび太とドラえもんはなんのお店に行くのかな？

ラーメン屋さん

おかし屋さん

本屋さん

Q2 ノラネコのクロはどんな女の子になった?

「動物変身恩返しグスリ」は、むかし話「ツルの恩返し」のように、助けた動物にふりかけると女の子の姿になって恩返しに来てくれる道具。のび太はノラネコのクロを助けるが、恩返しに来たクロはどんな姿になっていた?

動物変身恩返しグスリ
(33巻「動物変身恩返しグスリ」)

動物を助けたらすぐにひとしずくふりかけると、女の子の姿になって恩返しに現われる。ただし動物をいじめると、仕返しにくる。

▶ドラえもんが助けた子イヌは、のび太がかくしたドラやきを見つけだしてくれた。

▲近所でめいわくなことばかりしているノラネコのクロは、どんな姿で恩返しにやってきたかな?

ウ おっかない女の子

イ おしゃれな女の子

ア イタズラ好きな女の子

Q3 自由になったイヌがやったことは?

「ドロン葉」は念波を放射して人間を化かすことができる道具。人間の姿と入れかわり、自由になったイヌがやったことは次のうちどれ?

ドロン葉
（16巻「ドロン葉」）

この葉を頭に乗せて身の危険を感じると特殊な念波を放射して人を化かすことができる。タヌキの脳に合わせて作られているが、同じイヌ科であるイヌの脳波にも反応する。

▲人間の姿になったイヌがやったのはどんなことだった?

▲イヌと入れかわった飼い主は、自分をクサリにつないでしまう。

ウ 野球

イ サッカー

ア ゴムとび

Q4 金魚はどんな曲芸をした?

食べさせればたちまち動物がなつく「桃太郎印のきびだんご」。のび太はこの道具を使って動物のくんれん屋を始める。では、金魚の飼い主は、この道具を使って金魚にどんなことを仕込もうとしていた?

桃太郎印のきびだんご
(プラス4巻「動物くんれん屋」)

むかし話「桃太郎」のきびだんごのように、このだんごを食べさせると、どんな動物でも言うことを聞くようになる。

▶庭に来ていたハトも、ひと口食べさせるとたちまちなつく。

▲金魚を飼っている子は「桃太郎印のきびだんご」を使って、金魚にどんなことをさせようと考えた?

ア ネコと戦わせようとした

イ 曲芸をさせようとした

ウ 空を飛ばせようとした

9

A2 ㋐のいたずら好きな女の子。

元々ご近所でも評判の悪いドロボウネコなので、姿を変えても金魚にいたずらをしたりして困りものだ。

A1 ㋒のラーメン屋さん。

つぶれそうなラーメン屋さんだったけど、ネコがお客を招いてくれるところを見せたら引き取ってくれたんだ。

A4 ㋑の曲芸。

飼い主の男の子は、なんと金魚に「輪くぐり」の曲芸をさせたかったのだ！ 水面から大きくジャンプして、まるでイルカのショーみたい！ 金魚がこんな曲芸を見せてくれたら楽しいね。

A3 ㋒の野球。

みんなといっしょに野球をやって楽しんだ。ピッチャーゴロを打っても、イヌの俊足をいかしてランニングホームランにしてしまう！

2 流行や宣伝に役立つ(?) ひみつ道具篇

人びとの心にうったえて、信じこませたり思いこませたり！
そんなひみつ道具があれば、べんりなはずなのに…!?

Q1 王かん集め以外にはやらせたものは?

流行性ネコシャクシビールス
(9巻「王かんコレクション」)

「流行性ネコシャクシビールス」で王かんのコレクションをはやらせたドラえもんとのび太。これ以外にも別のものをはやらせたことがある。いったいそれは何だろう？ ㋐〜㋒から1つ選んで答えよう！

このビールスを増やして育てながら、はやらせたいことを言い聞かせる。風にのせてばらまくと、どんな流行でも作り出せる。

▶王かんのコレクションが流行するように、町中に「流行性ネコシャクシビールス」をばらまいたぞ！

▲ガラクタの王かんが、とつぜんみんなのあこがれの的に！

㋒ ドラえもんとのび太が「ジャイアンの歌中毒」になって大感激！

㋑ 世界中が、あやとりに夢中！のび太が人気者に！？

㋐ スカートがどんどん短くなって、ミニスカートが大流行！

Q2 海になった町で起きたアクシデントは!?

ソーナルじょう

「ソーナルじょう」を飲んで、海だと思い込んで町へ出た、ドラえもんとのび太。そこで起こったアクシデントとはなにか? 1つ選んで答えてね!

一つぶ飲んで思いこめば、自分の思ったとおり、なんでもそうなる道具。

(3巻「ソーナルじょう」)

▶部屋の中でもおぼれてしまうのだ!

▼なれれば、町の中もスイスイと泳ぐことができるぞ!

ウ

オバケイカに襲われて大ピンチ!

イ

無人島に流れ着いて10年が過ぎた!

ア

タコに似たおじさんにスミをかけられた!

Q3 のび太が百点をとったと大宣伝! その結果…?

のび太がテストで百点を取ったことを、「ピーアール」を使って大宣伝! いったい、どうなった? ア〜ウから1つ選んで答えてね!

ピーアール

(23巻「な、なんと!! のび太が百点とった!!」)

どんなことでも人に知らせて信じさせ、望みどおりに反応させるロボット。上、中、並、特上の四段階からやり方を選ぶことができる。

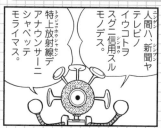

「ニンゲンハ、シンブンヤテレビノイウコトヲスグニ信ジルモノデス。特上放射線デアナウンサーニシャベッテモライマス。」

「あぁ、ついに、カンニングしたのか。」

「ええっ!?」

▲ 「ピーアール」で宣伝したら、とんでもない大さわぎに!?

「どうしてどうして。」「あんまりだあんまりだ。」

▲ のび太が百点をとったのに、だれも信じてくれない!

ウ のび太が「のび太国」の首相になりそうになった!

イ 国民の祝日「のび太記念日」が作られそうになった!

ア のび太の彫刻の像が作られそうになった!

Q4 かがみでCMを流したお店は?

うつった画面をほかのかがみにうつすことができる「遠写かがみ」を使い、のび太はコマーシャルを流すことを思いつく。広告の効果をはっきり見せるため、人気のないお店を選んで広告を流そうと考える。さて、のび太とドラえもんが選んだお店は次のうちのどれ?

遠写かがみ

(14巻「かがみでコマーシャル」)

「遠写かがみ」にうつった画面を、ほかのかがみにもうつし出すことができる。うつし出す範囲は家の中から町中まで調整できる。

▲のび太にしてはさえたアイディア！結局、どんなお店を選ぶことになった？

▲「遠写かがみ」にゆうれいの絵をうつし出して、ママやのび太をびっくりさせるドラえもん。

ウ 売れない和菓子屋

イ 売れない作家志望

ア オンボロ旅館・つづれ屋の主人

A2 ⑦のタコに似たおじさん。

タコに似たおじさんにスミをかけられたんだ！スミをはいたおじさんも、ふしぎそうな顔をしていたよ。

A1 ⑦のミニスカート。

でも、「もっともっともっと、短く」とビールスをまきすぎたら、寒くてだれも外に出なくなってしまった。

A4 ⑨の売れない和菓子屋さん。

⑨の売れない和菓子屋さんだ。おいしそうにお菓子を食べるのび太たちの様子を見て、お客さんがおしかけたよ！

A3 ⑦の「のび太記念日」。

特上放射線の影響でどんどん大さわぎになり、⑦の「のび太記念日」が作られそうになった！

3 乗って使う ひみつ道具アレコレ篇

地上を走ったり、空を飛んだり、水の上を移動したり！普段の生活にもあったら絶対便利な乗り物道具のクイズだよ！

Q1 のび太はみんなをどうやって追いかけた!?

自転車に乗れないのび太は、一人だけサイクリングに置いてけぼりにされてしまった。ドラえもんが出してくれた「四次元三輪車」で、のび太はみんなのあとをどうやって追いかけた?

四次元三輪車

(5巻「四次元サイクリング」)

ひとこぎ100メートルのスピードで走ることができる。走行中は四次元世界に入っているので、ほかの車としょうとつする心配もなし!

これなら、ぜったいころばない。

三輪車だって!

▶出されたのが三輪車だったことにガッカリして怒り出すのび太。

行こう!みんなどこへ行ったの?

......

▶サイクリングに出かけた3人を、のび太はどうやって追いかけた?

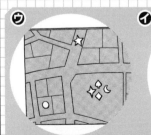

ウ レーダーで探した

イ においをかいであとをつけた

ア ぼうをたおして進んだ

18

Q2 ジャイアンはどうやって飛行機をハイジャックした?

子どもでも簡単にそうじゅうできる「三輪飛行機」を出してもらったのび太は、空の旅が楽しめる「のび太航空」を始める。ところが、かあちゃんに追われたジャイアンが逃げこんできた。ジャイアンはどのようにおどして機体を乗っ取った?

三輪飛行機
(28巻「のび太航空」)

未来の遊園地に置いてある遊び道具。見た目はかわいいが、宙返り、横転、きりもみなど、高度なそうじゅうもお手のもの。

▲飛行機がジャイアンにハイジャックされた!ピンチ!

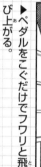

▶ペダルをこぐだけでフワリと飛び上がる。

ウ 機体を爆破するとおどした

イ なぐろうとした

ア 歌を歌うとおどした

Q3 「ペタリ甲板」を何にくっつけた?

ヨット旅行をスネ夫に自慢されたのび太。ドラえもんはのび太を船の旅に出かけようと海につれて行き、「ペタリ甲板」を取り出した。さて、ドラえもんは「ペタリ甲板」を何にくっつけた?

ペタリ甲板

生きものの頭部などにペタリとくっつけると船の甲板のようになり、小さくなって乗り込むことができる。水中も大丈夫。

(プラス6巻「ペタリ甲板」)

▲スネ夫に聞かされたヨットの旅がうらやましいのび太。

▶ドラえもんはヨットを海でさがすと言うが…?

ヨットは海へ行ってからさがすの。

潮風にきたえられ、たくましく日焼けした海の男になっているだろう。

ウ	イ	ア
	(サメ画像)	
イルカ	サメ	イカダ

Q4 「宇宙救命ボート」で行ったことがある星は?

別の星まで飛んでいく「宇宙救命ボート」に乗って地球を旅立ったのび太たち! ア〜ウのうち、ドラえもんとのび太が「宇宙救命ボート」で行ったことがある星はどれかな?

宇宙救命ボート

(21巻「行け! ノビタマン」)

地球が爆発するような時、これに乗って逃げ出す。全自動で、人間の住める星までつれていってくれる。

▲一見地球と変わらない星のようだけど…?

▶ボタンひとつで発進してしまう。

▲緊急脱出のための道具なので、中には何もない。

ウ
のび太が桃太郎になった星!

イ
のび太が女の子で天才になっている星!

ア
のび太がスーパーマンになれる星!

クイズの答え

A1 ⓘのにおいでついせき。

においをかいであとをつけてくれるんだ。

A2 ⓤの機体を爆破するとおどした。

花火のセットを持ちこんで、火をつけるとおどしたんだ。

A3 ⓤのイルカ。

イルカの背中に「ペタリ甲板」をくっつけて、本物の船に乗った気分を楽しんだ!

A4 ⑦ののび太でもスーパーマンになれる星だ!

引力が地球よりずっと弱い星で、ノビタマンとなって活躍したぞ!

4 お金を貯める ひみつ道具篇

自分でお金を貯めるのはなかなか難しい！そんな難題にこたえてくれる、ありがた〜いひみつ道具を教えちゃうよ！

Q1 ドラえもんが「出していない」貯金箱は!?

ついついムダ使いしてしまうのび太のために、ドラえもんが出してくれた22世紀の貯金箱! では、ドラえもんが出した22世紀の貯金箱の中になかったものは、次のうちのどれ?

さいみん貯金箱

（40巻「人間貯金箱製造機」）

22世紀の貯金箱のひとつ。開けようとするとさいみんをかけられ、目がグルグルと回ってしまい開けることができない。

▲ドラえもんも「ぜったいにあけられない」と自信を持っておすすめ!!

▲上についた指を回してさいみんをかける。

ウ
番犬貯金箱

イ
ドラえもん貯金箱

ア
パズル貯金箱

24

Q2 出木杉が買おうとしていたものは何!?

お金がないのび太はスネ夫がうらやましくて仕方がない。ドラえもんはみんなの小づかいから税金を集める道具「税金鳥」を出す。ところが、目標があって貯金していた出木杉は怒りだしてしまった。出木杉は何を買おうとしていた？

税金鳥

（22巻「税金鳥」）

所有するお金を調べて、税金を徴収する。抵抗するものにはようしゃなく電撃ショックを浴びせて取り立てる。きびしい。

▲出木杉、涙の抗議！何を買おうとしていた？

▲抵抗すると電撃ショック！きびしい!!

▲金額が多いほど税金は高い。一万円以上は七割。

ウ 顕微鏡

イ 天体望遠鏡

ア ラジコン

Q3 のび太が実行した節約術は!?

お年玉が少ないとなげくのび太にドラえもんは「お年玉ぶくろ」を取り出す。むだを省けばその分が収入として袋から出てくる「せつやく型」の「たけ」を出してもらったのび太がやったことは、次のア〜ウのうちどれ?

お年玉ぶくろ
(20巻「出てくる出てくるお年玉」)

3種類ある「お年玉ぶくろ」。「うめ」は「ごほうび型」で、人にお礼を言われると十円ずつ出てくる。「なぐさめ型」の「まつ」は痛い目にあった時お金が出てくる。

「お年玉ぶくろ」は「うめ」「まつ」「たけ」の3種類。

「三種類あるが…、「うめ」でいいか。」
「なんでもいい、くれくれ。」

「これは「せつやく型」なんだ。」
「むだをはぶくとはぶいた分だけお金になって出てくる。」

▲ドラえもんは「たけ」を、なぜかあまり使いたがらない。

ウ
「たりないなあ。」
「なにしてるの?」

使ったワリバシでイカダを作ろうとした

イ
「うんとはなをかんでかわかして。」
チーン

一度使ったハナ紙を乾かして、もう一度使った

ア
「あなのあいたグラスは、何ものみたくない時に……。」

穴の空いたグラスも保存していた

Q4 300円のかわりに取られる身長はどのくらい？

ほしかったまんがのために、今すぐどうしても300円ほしいのび太。魔法円から飛び出した悪魔から、ひとふりするだけで300円出てくる「デビルカード」をすすめられる。300円のかわりに身長をちょっぴりだけもらうと言うのだが、それはどれくらい？

デビルカード

（22巻「デビルカード」）

ひとふり300円出てくる便利なカード。ただし毎晩、夜の0時にその日使った分だけ身長が減る。

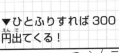

「デビルカード」？

でも、せっかくだから「デビルカード」うけとってよ。

▲人の良さそうな悪魔がすすめるカード。

▼ひとふりすれば300円出てくる！

ひとふり三百円！

たましいなんかいらない。身長を、ちょっぴりもらうだけでいいんです。

▲300円出てくるかわりに、身長がちょっと低くなる。

ウ	イ	ア
300円で 10センチ	300円で 1センチ	300円で 1ミリ

27

クイズの答え

A1

イのドラえもんは貯金箱じゃないよ!

イはひみつ道具「代用シール」でポストにされたドラえもんだ。(プラス1巻「代用シール」)

A2

ウの顕微鏡だ。

顕微鏡がほしくていっしょうけんめいためた貯金だぞ。近所の小さな子の家庭教師をしたりして。

出木杉は顕微鏡がほしくて、一生懸命お金を貯めていたんだ。

A3

イの一度使ったハナ紙だ。

ハナをかみすぎてティッシュをむだ使いし、お金が消えてしまった。

A4

アの1ミリだ!

三百円出すごとに一ミリ背が低くなるんだ。たったの一ミリよ。

ひとふりすると300円出てくるが、身長を1ミリ取られる。キミなら使う? それとも使わない?

5 ペン&クレヨンタイプのひみつ道具篇

字を書いたり、絵を描いたり…。さらには、意外な使い方もあり！ペン&クレヨンタイプの道具を大特集！

Q1 「コンピューターペンシル」で百点を取ったのは…!?

どんなに難しい問題でもスラスラとけちゃう「コンピューターペンシル」！これを使って、テストで百点を取ったのはだれだろう？ひとり選んで答えてね！

コンピューターペンシル
(1巻「一生に一度は百点を…」)

手に持って、宿題やテスト、仕事の書類に向かう。すると、自動的にスラスラと答えを書いてくれる、とっても便利なエンピツだ！

▼テストに使おうとするのび太。だが、それはカンニングと同じでズルなのだ！

▲宿題もあっという間にできてしまう！

ウ スネ夫　イ ジャイアン　ア のび太

Q2 黒いペンを使うとどんなことが起こる!?

好きな場所を好きな天気にできる、なにかと便利な「アメダスペン」！なんと、使うペンの色によって天気が変わる。さて、黒いペンを使うとどんなことが起きるのかな？⑦〜⑨の中から1つ選んで答えてね！

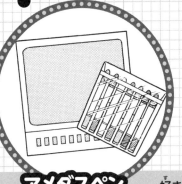

アメダスペン

好きな場所を好きなお天気にすることができる。地図に映した場所をペンで囲むと、そのペンごとの効果が表れる。

(大全集16巻「アメダスペン」)

▶ペンで囲んだ場所の天気をコントロールする。

▶青いペンを使うと雨、白いペンを使うと雪がふるよ！

ウ たつまきが起こる！

イ 虹が出る！

ア お日さまが出て晴れる！

Q3 「そっくりクレヨン」でスネ夫を描いたらどうなった!?

描かれたものが絵とそっくりになる「そっくりクレヨン」！のび太が「そっくりクレヨン」を使ってスネ夫を描いたら、とんでもないことに…！いったい、スネ夫はどうなった？ ア～ウからひとつ選んでね！

そっくりクレヨン
描かれたものが、絵とそっくりになるクレヨン。

(3巻「そっくりクレヨン」)

▲本物の方が、描いた絵にそっくりになるのだ！

▼元はちゃんとしたツボでも、絵に描いてみたら…？

宇宙怪人スネールになった！

カッコよくなった！

変な顔になった！

Q4 「ペットペン」でのび太が描いた動物は?

ペットを飼いたいとねだるのび太のために、ドラえもんが出した「ペットペン」! 描いた動物がペットになる「ペットペン」で、のび太が飼おうとした動物は?

（プラス2巻「ペットペン」）

「ペットペン」で紙に描くと、描いたイヌやネコがそのままペットになる。失敗した場合は「すいとり紙」でインクをすいとれば消える。

▶のび太がほしがった動物は何?

紙にかいたイヌやネコが、そのままペットになる。

ほんと!?

▲絵に描いた動物がそのままペットになる!

ウ コリー

コリだ。
これが!?

イ 地底人

ア ティラノサウルス

クイズの答え

A2 ⓒのたつまき！

たつまきが発生するんだ！ⓐのお日さまは金色のペン、ⓑの虹は七色のペンを使ったよ。

A1 ⓘのジャイアン。

でも、使ったことがとうちゃんにばれて、こってりと怒られたぞ。

A4 ⓒのイヌ（コリー）だ！

のび太は「うんと大きなイヌがほしかった」と言って、コリーの絵を描いた。でも、飼い主に似たのか、あまりおりこうじゃなかったよ。

A3 ⓐの変な顔！

絵がヘタなのび太が描いたせいで、変な顔になってしまった！

6 自由自在に時間をコントロール…!? 篇

時間を延ばしたり縮めたり…。あるいは、過去や未来をのぞいたり…！時間を操る便利な道具をそろえたよ！

Q1 ネコの代わりに置いたものは…!?

ボタンを押すと周りの時間を止めることができる「タンマウオッチ」！クロイヌに追いかけられていた子ネコを逃がして、のび太が代わりに置いたものは何かな？

タンマウオッチ

ボタンを押すと時間を止めることができる、ストップウオッチのような形のひみつ道具。

(24巻「時間よ動け〜っ!!」)

▲子ネコをいじめるクロイヌもストップ！

▶ボタンを押したら、泣いていたのび太の涙も空中でストップ！

ウ 大きな岩

イ ブルドッグ

ア 強いノラネコのクロ

Q2 のび太はテストで何点とった!?

時門

時間の流れをゆっくりにする「時門」！のび太はテスト勉強に「時門」を使い、一生懸命勉強した。では、その時のテストで、のび太は何点とったかな…？

水門が水の流れをせきとめるように、「時門」を閉めると時の流れが緩やかになる。

(37巻「のび太の0点脱出作戦」)

▼「時門」のせいで、ドラえもんはえんえん草むしりするはめに…！

▲「時門」で時間の流れをせきとめれば、テストの勉強もたっぷりできる！

 ウ
 イ
 ア

な、なんと、100点満点！

やったぞ、65点！

それでも0点！

Q3 30分後、のび太の運命は…!?

ボードのふしあなを覗くと、過去や未来のできごとを見ることができる「タイムふしあな」！のび太が30分後の未来を覗いたら、いったい何が見えたかな…？ひとつ選んで答えてね！

タイムふしあな ふしあなを通して、いつのできごとでも覗くことができる。一種のタイムマシンだ。

(36巻「タイムふしあな」)

▶のび太が見た光景はいったい…!?

未来を見るスイッチもあるぞ。

いまから三十分後……。この空き地でなにがおきるか。

あーっ。

▲見たい時間をセットして覗くと、その時間のできごとが見られる。

ウ トラックにひかれる自分の姿!

イ イヌにかまれている自分の姿!

ア ママにしかられる、自分の姿!

のびちゃん！また宿題を、うっちゃらかして。

38

Q4 「クイック」を飲んだドラえもんがしなかったことは!?

気持ちも体の動きも早くなる「クイック」を飲んだドラえもん。ものすごくせっかちになった上、次から次へとおかしな行動をとりはじめたぞ！でも、ア〜ウの内、ドラえもんがやらなかった行動がある。それはどれ？

クイックとスロー

(5巻「のろのろ、じたばた」)

「クイック」を飲むと、気持ちも体の動きも早くなる。「スロー」は気持ちも体の動きもとことんおそくなる。

▼「スロー」を飲んだのび太は、カタツムリと競争…!?

> おうい、待てよ。
> はやくおいでえっ。
> なに、やってんだ。のろま！

▲「クイック」をのんだドラえもんは超せっかちに！

ウ

走り出したら止まらなくなって、青森まで行った！

イ

やきいもを食べる前に、おならした！

ア

はげしく動き続けて壊れてしまった

クイズの答え

A1 **イのブルドッグ!**

ブルドッグにかみついてクロイヌもびっくり!

A2  **イの65点。**

65点を取って大よろこび！なにせ自分の力だけで手に入れた結果だもんね。

A3  **イのイヌにかまれる姿!**

イヌにかまれている自分の姿を見てしまった！

A4  **ア。**

はげしく動き続けて壊れることは、やっていない。これは「ミチビキエンゼル」の1コマ（3巻「ミチビキエンゼル」）。

7 立場を入れかえるひみつ道具篇

この状況から逃げ出したい！そんな時は思い切って他の人と入れかわっちゃおう!! いろんな立場に入れかわるひみつ道具のクイズだよ！

Q1 入れかわって逃げ出そう!

いつものび太をいじめるジャイアンとスネ夫に、相手の立場を入れかえる「タチバガン」を使って反省させたい! ところが道で先生につかまってお説教が始まってしまった。先生から逃げるため、のび太は誰と入れかわった?

タチバガン

（44巻「人の身になるタチバガン」）

「タチバガン」を向けてトリガーを引くだけで、自分と相手の立場を入れかえることができる。

▼お説教から逃げ出すため、のび太が入れかわった相手は?

▲おつかいを頼むママと立場を入れかえれば、ママがおつかいに行くことに。

ウ しずかちゃん

イ ジャイアン

ア 知らないおじさん

42

Q2 男になったしずかちゃんは何をした!?

女の子だからという理由で、あることをママから禁じられてしまったしずかちゃん。人の体を入れかえる「入れかえロープ」で、のび太の姿に！男の子になったしずかちゃんが、小さいころからやってみたかったことって、いったい何だろう!?

入れかえロープ 二人が同時に両はしを握ると、心はそのままで体だけ入れかわる。

(42巻「男女入れかえ物語」)

▼しずかちゃんが男になってやりたいことって!?

▲握った人の中身を入れかえる。

ウ 立ちション

イ 木のぼり

ア 買い食い

Q3 先生の次にのび太が入れかわった職業は?

将来のユメを答えられなかったのび太は、「職業テスト腕章」を使い、もし先生になったらどうなるかを試してみる。しかし、のび太は先生に全然向いていなかった。では、先生の次にのび太が入れかわった職業は何かな?

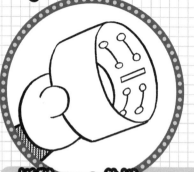

職業テスト腕章
なりたい職業を書きこんで、腕にはめればしばらくその職業になることができる。

(27巻「職業テスト腕章」)

▼算数の例題を解いて浮かれるのび太。この後のび太は何の職業を試した?

▲腕輪をはめればその職業の能力をそれなりに使うことができる。

ウ 本屋

イ パイロット

ア おかし屋

44

Q4 マリちゃんになったのび太が答えた「好きな食べ物」は!?

テレビに映画に引っぱりだこの大人気スター・丸井マリ。あまりの忙しさにロケ現場から逃げ出した彼女は、「トッカエ・バー」でのび太と体を入れかえることに。マリちゃんの姿になったのび太が、インタビューで答えた「好きな食べ物」はいったい何だった?

トッカエ・バー
この棒の両はしを握ると、いっしゅんで姿が入れかわる。

(8巻「ぼく、マリちゃんだよ」)

好きな食べ物は。

ブウン

これは「トッカエ・バー」というんだ。そっちのはじっこをもって…。

ほうら、入れかわった!

これできみはぼくに、ぼくはきみになったんだ。

▶マリちゃんと入れかわるのび太。

▶スター気分を味わいたかったのび太は、マリの姿でインタビューに答える。

ウ カツどん

イ しるかけごはん

ア ドラやき

クイズの答え

A2 **イ**の木のぼりだ!

小さい頃は木のぼりが大好きだったしずかちゃん。男の子になって存分に木のぼりを楽しんだよ。

A1 **ア**のおじさん。

のび太は説教から逃げるため、通りがかったおじさんと自分の立場を入れかえたんだ。

A4 **イ**のしるかけごはん。

のび太はよほど好きなのか、「しるかけごはん！」と即答している。

A3 **ウ**の本屋さん。

自分が読みたい本はお客さんに売らない、ひどい本屋さんだ。

46

8 見えなくなる道具で大さわぎ篇

実際に姿を消したり、他人から気づかれにくくなったり…。"見えなくなる"ひみつ道具についてのクイズだよ！

Q1 姿を消したのび太をどう見つける!?

きびしすぎるスパルタ家庭教師・ガッコー仮面から逃げるため、のび太が使ったのが「かくれマント」。姿をかくしたのび太を見つけるために、ガッコー仮面がとった方法とは?

かくれマント
かぶったり背中に巻くと姿を消すことができる。

33巻「ガッコー仮面登場!」)

▶のび太の家庭教師として突然現れたガッコー仮面とは!? のび太はなんとか逃げ出そうとするが…。

◀ガッコー仮面はどうやってのび太を見つけた!?

ウ
水をかけた

イ
ドロをかけた

ア
本を投げた

48

Q2 のび太はジャイアンから何をされた!?

あれこれ言われるのがめんどうになったのび太は、かぶると誰からも気にされなくなる「石ころぼうし」をかぶる。「石ころぼうし」をかぶったまま、空き地で野球を見ていたのび太が、ジャイアンにやられそうになったこととは?

石ころぼうし

(4巻「石ころぼうし」)

姿は見えても、まるで道ばたに落ちている石ころのように、周りからいっさい気にされなくなる。

▶気楽に過ごすのび太が、ジャイアンからやられたことは!?

▶「石ころぼうし」をかぶると、だれからも気にされない存在になる。

ウ おしっこをかけられそうになった

イ 抱きつかれた

ア 投げ飛ばされた

49

Q3 姿を消したのび太がしようとしたのは…!?

「モーテン星」は、つけると盲点になって周りから見えなくなる道具。では、「モーテン星」を使ってのび太がしようとしたのは、次のうちのどんなこと?

モーテン星

(40巻「モーテン星」)

「モーテン星」をつけた人の姿は、盲点になってしまい見ることができない。効き目は一時間。

▲「モーテン星」をつけると、目の前にいても姿を見ることができない。
◀「モーテン星」をつけたのび太がしようとしたこととは…!?

ウ ジャイアンの弱点をさがす

イ しずかちゃんの守り神

ア まんがの立ち読み

50

Q4 「見えなくなる目ぐすり」の思わぬ効能とは!?

ジャイアンに貸した本をこっそり取り返すため、「見えなくなる目ぐすり」を出してもらったのび太。ところがこの道具には、思わぬ効き目があった。その効き目とは?

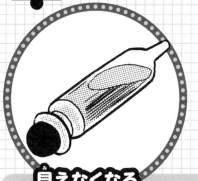

見えなくなる目ぐすり
(10巻「見えなくなる目ぐすり」)

「とう明人間になれるクスリかしてくれ」とのび太にねだられドラえもんが出した。しかしその効能は…?

▶ふつうの目ぐすりと同じように目にさす。

▲本を取り返さないとまずい!

◀いざ、ジャイアンの家へ!! うまく行くかな…?

ウ ほかの人が見えなくなる

イ うたぐりぶかくなる

ア 人を夢中にさせてしまう

クイズの答え

A2 ⑦のおしっこ！

石ころのように気にされないから、ジャイアンにおしっこをひっかけられそうになったのだ！

A1 ⑦の本を投げる。

本を投げて、姿が見えないのび太にぶつけて居場所を割り出した。

A4 ⑦。

自分ではなく、ほかの人が見えなくなる目ぐすりだったんだ！ でも、のび太は最後まで気がつかなかったよ。

A3 ⑦の守り神。

しずかちゃんを守ろうとしたけど、実際には失敗ばかりだった。

9 バッジタイプのひみつ道具篇

バッジをつけると何かが起きる…!? 楽しいバッジや役に立つ(?)バッジ、時にははためいわくなバッジもあり!?

Q1 「トレーサーバッジ」とセットで使うのはどれ!?

バッジをつけている人の位置がすぐわかる「トレーサーバッジ」! そして、このバッジとセットで使うのが「レーダー地図」だ。では、「レーダー地図」は㋐～㋒のうちの、どれだろう?

トレーサーバッジ

「トレーサーバッジ」をつけた人を、「レーダー地図」の上に、居場所をリアルタイムでうつす。

(9巻「トレーサーバッジ」)

▼バッジが電波を発信し、「レーダー地図」にみんなの位置をうつしだすぞ!

だれにどのバッジをやったか、おぼえていれば。

どこにいても、すぐわかるわけか!

つまり、だれがどこにいるか、いつでもわかればいいんだね。

◀▲友だちを探し疲れてクタクタののび太。そこで、「トレーサーバッジ」が登場!!

㋒

㋑

㋐

Q2 「おはなしバッジ」をのび太に送ったのは誰!?

バッジをつけるとお話の主人公と同じできごとが起こる「おはなしバッジ」。未来の国から小包で届いたけれど、このひみつ道具をのび太のところへ送ったのは誰だろう？ ア〜ウから、ひとり選んでね！

おはなしバッジ

（3巻「おはなしバッジ」）

「したきりすずめ」や「かちかち山」などさまざまなタイトルがあり、バッジをつけるとお話の主人公と同じできごとが起こる。

▲「花さかじいさん」のバッジをつけたら、犬が宝の場所を教えてくれた！

◀▲小包から、絵本型のケースに入ったバッジが出てきた！

ウ ドラえもんの妹のドラミ

イ のび太の孫の孫のセワシ

ア のび太のご先祖ののび作

Q3 スネ夫がジャイアンからおしつけられたものは!?

「ファンクラブ結成バッジ」を使って、なんと、ジャイアンのファンクラブを結成した！ バッジのせいで、ファンクラブの会員になったスネ夫が、ジャイアンからむりやりおしつけられたものは何だった…？ ア〜ウの中から、ひとつ選んで答えよう！

ファンクラブ結成バッジ
(33巻「フィーバー!! ジャイアンFC」)

このバッジをつけている人は「ファンクラブ本部」からの指令電波にさからうことができない。

▶指令電波を出すとバッジをつけた人はさからえない。

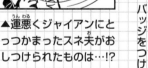

▲運悪くジャイアンにとっつかまったスネ夫がおしつけられたものは…!?

ウ ジャイアンの特大パネル

イ ジャイアンのレコード

ア ジャイアンのサイン

56

Q4 バッジをつけたのび太はどうなった？

好きな子の前でだけモテモテ電波を出す「みせかけモテモテバッジ」！ のび太はしずかちゃんの前で人気があるところを見せつけて気を引こうとする。これをつけて公園に行ったのび太はどうなった？ ア〜ウの中から、ひとつ選んで答えてね！

みせかけモテモテバッジ
（プラス3巻「みせかけモテモテバッジで大さわぎ」）

気になる子の前でだけモテモテ電波が放射されて、近くの女の子が寄ってくる。気になる子の気を引こうという涙ぐましい道具。

▼しずかちゃんの近くにいる間だけモテモテ電波が発信される！

▲バッジに写真を記憶させれば準備OKだ！

ウ　オバケが集まった

イ　幼稚園の遠足の子に囲まれた

ア　のら犬が寄ってきた

57

クイズの答え

A1

イが「レーダー地図」だ！

⑦は1巻「㊙スパイ大作戦」に登場する「スパイセット」、⑨は18巻「のび太の部屋でロードショー」に登場する「ただ見セット」。

A2

イ。

セワシが送ってくれたよ。

A3

ア。

ジャイアンのサインをむりやりおしつけられたんだ。

A4

イ。

幼稚園の女の子たちにモテモテになった。この電波に年れい制限はないのだ。

ひみつ道具ひとやすみクイズ その1

ドラえもんが四次元ポケットから取り出すふしぎなひみつ道具についてのクイズだよ。ひとやすみもかねて、ゆっくり考えてね！

共通点をさがせ！①

左に並べた4つのひみつ道具に共通することはなんだろう？ ○○の中に同じ言葉が入るぞ。考えてね！

- コンピューター○○シル
- 階級ワッ○○
- N・Ｓワッ○○
- 重力○○キ

共通点をさがせ！②

左に並べた4つのひみつ道具に共通することはなんだろう？ ○○の中に同じ言葉が入るぞ。考えてね！

- ムリヤリトレ○○
- アンキ○○
- ○○ドラボックス
- ターザン○○ツ

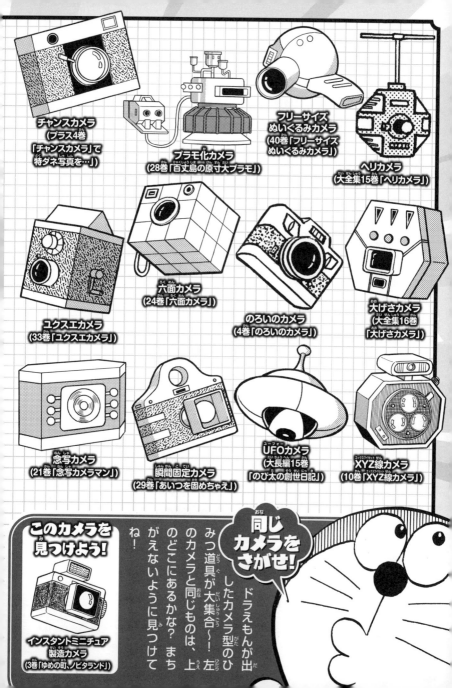

ちがいをさがせ!

上の絵と下の絵で、ちがうところが5か所あるよ。全部見つけて答えてね!

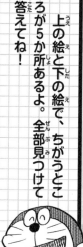

ひみつ道具ひとやすみクイズの答え

1 共通点をさがせ!の答え

「階級ワッペン」「コンピューターペンシル」「重力ペンキ」「N・Sワッペン」。みんな「ペン」がつくんだ。

2

「アンキパン」「ムリヤリトレパン」「ターザンパンツ」「パンドラボックス」。みんな「パン」がつく道具だよ。

同じカメラをさがせ!の答え

ここにあるよ。

ちがいをさがせ!の答え

左のとおり。

62

Q1 「おやつもってこい」の曲でロープが持ってきたのは？

屋根の上にボールを乗せてしまったしずかちゃんに、ドラえもんが取りだしたのは「ピーヒョロロープ」。やってほしい動きをふえで吹けば、その通りに動いてくれる！では、「おやつもってこい」の曲でロープが持ってきたおやつはどれ？

ピーヒョロロープ

「もってこい」や「にづくり」など、やってほしいことに合わせた曲を吹くとロープが動いて仕事してくれる。

(7巻「ピーヒョロロープ」)

▲ロープはどんなおやつを持ってきてくれた？

はい、どうぞ。

もってこい

これだ。

◀楽譜を見て曲を吹けば、その通りに動いてくれる！

ウ ドラやき

イ 最高級フランスケーキ

ア 豆

64

Q2 「コベアベ」を吹いたらドラえもんは何をした?

コベアベ

(1巻「コベアベ」)

ママに長〜いお説教をくらっているのび太。ドラえもんが「コベアベ」を吹くと、怒っていたママがニコニコに!? それでは、おふろに入ろうとしていたドラえもんに「コベアベ」を吹いたら、いったいどんなことをした?

このふえを吹くと、音波で神経の働きを変えて、頭で考えていることとあべこべのことをやらせることができる。

▼しかっているのに頭をナデナデ!?

▲おふろに入るつもりだったドラえもんは何をする?

ウ ドブに飛び込んだ

イ ずっと入らなかった

ア お風呂ではなくシャワーをあびた

Q3 怪しい宇宙人とそうぐう!? その正体はだれだ?

自分たちで作ったスペースシャトルに「ロケットストロー」を仕込み、出木杉も加わって宇宙探検ごっこへ！ では、のび太たちがうら山で出会った、あやしい宇宙人の正体はいったいだれだった？

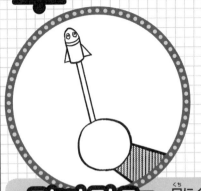

ロケットストロー

（25巻「のび太のスペースシャトル」）

口にくわえて息を吹き出すと、ロケットガスと同じくらいの力が出る。うまく吹けば空に飛び上がることもできる。

「宇宙探検ごっこヘルメット」

▲ロケット部分をくわえて軽く吹く。

◀▲「宇宙探検ごっこヘルメット」をかぶれば、普通の景色が宇宙に見える。

◀この宇宙人の正体は…!?

ウ
神成さん

イ
のび太の先生

ア
まんが家の
フニャコフニャ夫

Q4 「ハーメルンのごきぶりふえ」はどんな音?

ハーメルンのごきぶりふえ
(プラス6巻「ごきぶりふえ」)

台所に現われたごきぶりを見て、のび太のママはビックリ！ ドラえもんは「ハーメルンのごきぶりふえ」で家中のごきぶりを呼び集めてゴミ箱に誘導する。このふえを吹くとどんな音が出るかな？

ふえの音でネズミを呼び集めた「ハーメルンのふえふき」のように、このふえを吹くとごきぶりを呼び集めることができる。

▲ふえの音を聞いたごきぶりがゾロゾロと集まってくる。

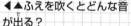

◀▲ふえを吹くとどんな音が出る？

こっちだよ〜

さあさあ〜

ほいほい〜

クイズの答え

A2 ⓒのドブに飛び込んだ！

ドブに飛び込んでドロドロになってしまった。

A1 ⓒのドラやき。

ロープが持ってきたのはドラやき。ドラえもんもニッコリ。

A4 ⓐの「ほいほい〜」。

「ほいほい〜」という音につられて集まってくるのだ！

A3 ⓑの先生。

「くだらん遊びばかりしてないで、勉強しなさい！」と怒られた。

68

11 言うことをきかせる ひみつ道具篇

動物や恐竜や乱暴者など、暴れんぼうが言うことをきいてくれたらいいと思わない？言うことをきかせる道具にまつわるクイズだよ！

Q1 あげたことがない動物はどれ?

夜中におなかがへったとさわぐのび太に、ドラえもんがさし出したのは「桃太郎印のキビダンゴ」。本来は動物に使う道具だが、人間が食べても問題はない。さて、「桃太郎印のキビダンゴ」をあげたことがない動物は、次のア～ウの内どれ?

桃太郎印のキビダンゴ

動物をならすためのエサ。キビダンゴを食べた動物は、言うとおりに動くようになる。

(16巻「宇宙ターザン」)

「桃太郎印のキビダンゴ」じゃないか。人間が食べたってかまわないの!

これを食べろ。

▲夜食がわりにドラえもんが出した。

動物をならすためのエサなんだよな、ほんとは。

◀本来の使いみちは動物のエサ。

ウ
ナマ子!なにをやったの!?

こわ～いおばさん

イ

ピー助

ア

ヒョウ

Q2 「コーモンじょう」はどんな味!?

飲んで名乗れば言うことをきくという「コーモンじょう」。見た目はなんかばっちい感じの「コーモンじょう」だが、ひとつぶ食べたのび太の感想はどんな感じだったかな？ ア〜ウのどれかを選んでね？

コーモンじょう
これをひとつぶ飲んで自分の名前を名乗れば、みんな恐れ入って言うことをきくようになる。

(18巻「コーモンじょう」)

▲ママもこのとおり恐れ入る効き目だ！

▲見た目も名前もなんか…。

ウ ジーンと心にしみる味

イ 「オエ〜」としちゃう味

ア なめらかでさわやか

Q3 「猛獣ならし手ぶくろ」でママをなでたら…!?

「猛獣ならし手ぶくろ」であごの下をなでると、どれほど怒っていてもしずめることができる。では、この道具で怒り心頭のママをなでたらどうなった?

猛獣ならし手ぶくろ
(プラス7巻「猛獣ならし手ぶくろ」)

どんなに暴れまわる猛獣でも「猛獣ならし手ぶくろ」であごの下をなでるとピタリとしずまる。ただし、ひとなでの効き目は5分間だけ。

▲ママはどうなった?

◀ピタリとしずまるというが…。

▲のび太はママを怒らせてしまった。

ウ おおかみ女に変身した

イ スズメのようにさえずった

ア 「ゴロニャゴ」となついた

Q4 「シテクレジットカード」を持ったのび太はどんなことをした!?

頼みごとを書いて相手に持たせれば、どんなこともしてくれる「シテクレジットカード」。ドラえもんにこのカードを持たせられたのび太は、どんなことをした?

シテクレジットカード
(34巻「シテクレジットカード」)

このカードに頼みごとを書きこんで相手に持たせれば、催眠術にかかったようになんでもしてくれる。役目がすんだら字は消える。

▼ポケットなどに入れればオッケー。

「ポケットにいれて。」

「たのみごとをかきこんで相手にもたせれば、催眠術にかかったみたいに、なんでもしてくれる。」

▲催眠術にかかりそうなグルグルもようが描かれている。

ウ さか立ちしてワンと言った

イ ジャイアンとハグした

ア やかんとまくらを持って走り回った

クイズの答え

A2 イの「オエ〜」。

思わず「オエ〜」となっちゃう味みたい。

A1 イのピー助。

ピー助はのび太が卵からかえした首長竜で、とってもなついているんだ。

A4 ウ。

表に飛び出し、3べん回ってさか立ちし、ワンと言った。

A3 アの「ゴロニャゴ」。

ドラえもんの言うことをきいておすわりもした。

12 食べると何かが起こる ひみつ道具篇

ひと口食べたら事件発生…!? 食べるとふしぎな効果を発揮する、食べ物タイプのひみつ道具に関するクイズだよ!

Q1 ビスケットを食べたのび太は何になった？

のび太がふつうのビスケットと間違えて、「動物変身ビスケット」を食べちゃった！いったい、どんな動物に変身したのかな？正しい答えを、㋐〜㋒の中から1つ選んで答えてね！

動物変身ビスケット
(1巻「変身ビスケット」)

いろいろな動物の形のビスケットが缶の中に入っている。食べると、その動物に変身できる。

▶お客さんが動物に変身しちゃった！ドラえもんとのび太は大あわて！

▲のび太は何の動物に変身した？

㋒ イヌ　　㋑ カメ　　㋐ ネコ

Q2 冒険先で「ほんやくコンニャク」を使った相手は?

ほんやくコンニャク
(12巻「ゆうれい城へひっこし」)

食べるとどんな相手とも会話できるようになる「ほんやくコンニャク」！では、「大長編ドラえもん」の冒険先で出会った人たちのうち、「ほんやくコンニャク」を使った相手はだれだろう？ ㋐〜㋒から1人選んで答えてね！

食べると相手の言葉が日本語に聞こえ、日本語が相手の言葉になる。外国の人や宇宙人、異世界の人などとも会話できるようになるよ！

▼見た目はただのコンニャクと変わらない!!

▲古城で出会ったドイツ人のロッテさん。なんと、ドラえもんがドイツ語を話し始めた!?

ククル
(大長編ドラえもん9巻『のび太の日本誕生』)

パピ
(大長編ドラえもん6巻『のび太の宇宙小戦争』)

ペコ
(大長編ドラえもん3巻『のび太の大魔境』)

77

Q3 のび太の言葉にしずかちゃんはどう反応した?

ココロチョコ

分けて食べると、みんなの心がひとつになる「ココロチョコ」！「世界中の心が一つになれば、平和になると思うよ」と言うのび太の言葉に、しずかちゃんのはどう反応した？

最初に自分が食べてみんなに分けて食べると、みんなの心が一つになる。

(プラス1巻「ココロチョコ」)

▲▲みんなの心をひとつにして、乱暴者のジャイアンをこらしめたぞ！

ウ 「気持ち悪いわ」と反対した

イ お腹をかかえて笑いだした

ア 「いいわね」と同意した

Q4 「そっくりペットフード」の効き目をなくす道具は!?

動物に与えると、あげた人そっくりの顔になる「そっくりペットフード」！では、このペットフードを食べさせた動物を、元に戻すためにはどのひみつ道具を使えばいい!?

そっくりペットフード

動物に食べさせると、食べさせた人そっくりの顔になる。

(プラス6巻「そっくりペットフード」)

▼池のコイが、スネ夫そっくりな顔の人面魚に変身！

▲箱から取り出して与える。

ウ ペットクリーム

イ 復元フード

ア 復元光線

クイズの答え

A1 ⑦のネコ。

ふつうの動物ビスケットだと思って食べたのび太は、ネコの姿になってしまった！

A2 ⑦のククル。

ペコはイヌが進化した人類で、人間の言葉をしゃべれる。宇宙人のパピは、「ほんやくゼリー」を食べてしゃべれる。

A3 ⑦の「気持ち悪いわ」。

みんなのび太と同じようにしずかちゃんと遊ぼうと家におしかけてきた。大変！

A4 ⑦の「復元フード」だ。

⑦の「復元光線」はこわれたものを元にもどす道具、⑦の「ペットクリーム」は石ころにぬるとペットのようになつく道具。

13 雪や氷にまつわる ひみつ道具篇

寒い季節もひみつ道具があれば楽しく過ごせる!? 雪や氷に関係したひみつ道具のクイズを出すよ!

Q1 スネ夫がだまして出させた道具とは!?

「スキーの練習がしたい」と言い出したのび太に、ドラえもんは「いつでもスキー帽」を渡す。では、それをうらやんだジャイアンとスネ夫が、のび太の「いつでもスキー帽」を奪おうとドラえもんをだまして出してもらった道具は？ 高いところに手がとどく道具だよ。

いつでもスキー帽
(21巻「雪がなくてもスキーはできる」)

かぶった人にだけ雪が見え、さわったり、すべったりもできる。雪の深さはダイヤルで調整できる。ただし、帽子がぬげると雪も消える。

▲二人のたのみにだまされたドラえもんは何を出した？

▲かぶるとまわりが雪景色に！

エレベーター・プレート

ジャック豆

タケコプター

82

Q2 ドラえもんとのび太が氷山に出かけた理由は?

暑〜い夏に巨大氷山にやってきた、ドラえもんとのび太。「氷ざいくごて」で、氷山の中にすてきな部屋を作ったぞ！では、二人がそもそも氷山に出かけた目的は何かわかるかな？ ア〜ウの中から、ひとつ選んで答えてね！

氷ざいくごて

氷をとかして、好きな形に細工する道具。平らなこてと、仕上げ用の細いこてがある。

(18巻「大氷山の小さな家」)

▶「氷ざいくごて」を使えば、みるみる氷を細工することができる。

「これで氷の中に部屋をつくろう。」
「ぼくにもやらせて。」

「へやをたくさんつくろうよ。広さが神奈川県くらいあるからね。」

「氷をとおしてやわらかい光がさしこんで……」
「しずかな波の音……」

▲氷山の中の部屋は涼しくて、天国みたいに快適！

ウ かき氷を食べに！

イ 温泉に入りに！

ア スキーの練習！

Q3 のび太が雪で作ろうとしたものは!?

空に浮かべると、雪を集めて雲みたいにする「雪ぐもベース」！では、雪ですべり台を作ろうというしずかちゃんに対し、のび太は何を作りたがった？

雪ぐもベース

雪を集めて雲のようなかたまりにし、飛行機のようにそうじゅうすることができる。

(大全集13巻「雪ぐもベース」)

▲集めた雪で雪の広場のように遊べて、飛行機のように飛べる。

◀のび太は何を作ろうとした？

ウ 雪のウサギ

イ 雪女

ア 雪だるま

Q4 「雪ふらし」の正しい特徴はどれだ!?

雪ふらし
（大全集11巻「雪ふらし」）

雪をふらせるひみつ道具「雪ふらし」。さて、ふつうの雪にはないその特徴とは…？ 正しい説明を、ア〜ウの中からひとつ選んで答えてね！

ボタンを押すだけでいくらでも雪をふらせてくれる。つもった雪を吸いこむ、専用のクリーナーもある。

▶友だちを呼んで、部屋で雪合戦もできちゃう！

▲スイッチひとつでいくらでも雪が出てくる。部屋の中で雪だるま作りも楽しめる！

ウ 冷たくなくてとけない人工雪をふらせるよ。

イ 雪をどんどん降らせる「雪の精」をよびだすよ！

ア やけどするくらい熱い雪を降らせる！

クイズの答え

A2 ⓒのかき氷。

あんまり暑いので、無限にかき氷が食べられる氷山に出かけたのだ。

A1 ⓑの「ジャック豆」。

タネを植えるとあっという間にのびる「ジャック豆」を使ったぞ！

A4 ⓒ。

とけない人工雪を降らせるんだ。クリーナーで吸いこむからかたづけも簡単。

A3 ⓐの雪だるま。

のび太は雪だるまを作りたがった。二人の意見を合わせて、雪だるまのすべり台を作ったよ。

14 ほんとうはおそろしい(?) ひみつ道具篇

どうして、ドラえもんはこんなひみつ道具を持っているの…!?
とりあつかい注意のひみつ道具を集めたクイズだよ!

Q1 「ゴルゴンの首」の本体はどれ!?

目から出る光で生物をかためてしまう「ゴルゴンの首」。とてもおそろしいひみつ道具なため、ふだんは箱の中にしまわれている！はたして、その本体はどんな姿をしているのだろう…？ ア～ウの中から正しいものを選んでね。

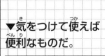

ゴルゴンの首
(20巻「ゴルゴンの首」)

とてもおそろしいので、本体は箱の中！こいつの目から出る光線は、生物の筋肉をこわばらせて石のようにしてしまう。

▲少しだけふたを開けて使用する。

▼気をつけて使えば便利なものだ。

ウ

イ

ア

88

Q2 ドラえもんが出さなかった道具は?

ドラえもんはネズミが大きらい! こわさのあまり、追いつめられて「地球はかいばくだん」を取り出したことすらあった。では、その時に、ドラえもんが出さなかったひとつ道具はどれだろう?

地球はかいばくだん
(7巻「ネズミとばくだん」)

家の中にいるネズミがこわくてドラえもんが取りだした道具。その名のとおりの破壊力があるのだとしたら、本当におそろしい。

▼今にも投げそうないきおいで頭上にかかげる!

▲ネズミのせいでドラえもんが大パニック!

ウ 熱線銃

イ 驚音波発振式ネズミ・ゴキブリ・南京虫・家ダニ・白アリ退治機

ア ジャンボ・ガン

Q3 「きこりの泉」に落ちたジャイアンはどうなった!?

泉に落としたものを正直に答えると、いいものととりかえてくれる「きこりの泉」。ジャイアンがうっかり泉に落ちてしまったけれど、いったいどうなった!? ア～ウの中からひとつ選んで答えてね。

きこりの泉
(36巻「きこりの泉」)

泉にものを落とすと女神ロボットが現れ、正直にこたえるといいものととりかえてくれる。ただし、落としたものはもどってこない。

▶泉の中から女神ロボットが現れて、ボロボロのグローブを新品とかえてくれた！

◀泉に落ちたジャイアンの運命は…!?

ウ

巨人のように大きくなった！

イ

きれいなジャイアンになった！

ア
歌がとっても上手になった！

Q4 「ころばし屋」のキャンセルはどうすれば可能!?

にく～い相手を確実に3回ころばしてくれる「ころばし屋」。引きうけた仕事は最後までやりとげる「ころばし屋」だが、仕事の取り消しをするためにはどうしなければいけない?

ころばし屋
(13巻「ころばし屋」)

背中の穴に10円を入れて、にくい相手の名を教えるとそいつを確実に3回ころばしてくれる。

▼小さいロボットだけど、ジャイアンをころばしてくれる！

▲プロとしての自信に満ちあふれた表情。

ウ	イ	ア

大声で魔法のじゅ文をとなえる！	取り消し料100円を入れる！	大好物のくりまんじゅうを食べさせる！

クイズの答え

A1
ア。

頭に生えたヘビを引っぱると、石になった部分が元にもどる。

A2
イの「驚音波発振式…」だ。

す、すごい！耳せんをしていてもズキンズキンひびく！がまんしろ、この驚音波を家のすみずみまでおくるんだ。

「驚音波発振式…」は驚音波を使って害虫や害獣を追い出す道具（17巻登場）。

A3
イのきれいなジャイアンだ。

きれいなジャイアンが出てきた。本物がどうなっちゃうのか考えるとおそろしい…!?

A4
イの取り消し料100円。

取り消すためには100円を入れなければならない。

15 頭にかぶって使う ひみつ道具篇

頭にかぶるとふしぎな体験ができるひみつ道具が大集合！ぼうしタイプや、頭の上に乗せるタイプのひみつ道具のクイズだよ！

Q1 「立ちユメぼう」でのび太が見たユメは!?

じっさいの出来事が、このぼうしをかぶっている人にはユメになって見える「立ちユメぼう」！のび太は、冒険物のユメを選んだけれど、どんなユメを見たかな？ひとつ選んで答えてね！

立ちユメぼう

(16巻「立ちユメぼう」)

ダイヤルで見たいユメを選択し、実際の出来事をユメに直して見ることができる。たとえば「冒険物」を選ぶと、現実がファンタジー世界のように見られる。

▶部屋にいるのに、のび太には魔境の景色が見えるのだ！

▲頭にかぶるとあっという間に眠ってしまう。

ウ なぞのヒーロー「黄金ハット」になって魔物をたいじした！

イ 西部劇のガンマンになって、大活躍した！

ア 冒険のすえ、何億円もする宝物(?)を発見した！

Q2 「エスパーぼうし」でのび太が使った超能力は!?

頭に乗せれば超能力が使えるようになる「エスパーぼうし」! このぼうしを身につけて、のび太は超能力のトレーニングを始めた。いったい、どんな超能力を使ったのかな!? ア〜ウからひとつ選んでね。

エスパーぼうし

（7巻「エスパーぼうし」）

これをかぶると、念力、しゅん間移動、透視の3つの超能力が使えるようになる。ただし、かなり練習しないと使いこなせないのだ。

▼初心者は、灰皿を動かすのもひと苦労!

▲ぼうの先に指さした手がついたデザイン。

ウ	イ	ア

大福もちをたらふく食べた!	念力でジャイアンとスネ夫を宙に浮かべた!	口をとじたまま歌を歌った!

Q3 みんなが選んだ「バードキャップ」はどれだ!?

バードキャップ

かぶると鳥のなかまになって、空を飛ぶことができる。その鳥ごとの特ちょうが身につくよ。

（カラー1巻「バードキャップ」）

かぶると鳥のなかまになれる「バードキャップ」！ 鳥ごとにいろいろな種類のものがあるけれど、下の❶～❸のみんなは、どの「バードキャップ」をかぶったかな？ それぞれア～ウから選んで答えてね！

▼ドラえもんはハト、のび太はスズメのぼうしだよ。

▲いろいろな種類がある。

❸ しずかちゃん

❷ スネ夫

❶ ジャイアン

ウ カワセミ

イ ミミズク

ア 白鳥

Q4 「イメージベレーぼう」でしずかちゃんが考えたのは？

「イメージベレーぼう」をかぶってしりとりをしたのび太としずかちゃん。㋐～㋒の内、しずかちゃんが出したものはどれだろう？ひとつ選んで答えてね！

イメージベレーぼう
(カラー4巻「イメージベレーぼう」)

これをかぶってものの形を頭で思い浮かべると、そのものが実際に現われるぞ！

▲本物そっくりだけど、形だけ！

▼のび太としずかちゃんは、しりとりをすることに…！

ウ ウンコ

イ つりがね草

ア パンツ

クイズの答え

A1 ⑦の宝物。

何億円の宝物を見つけた！（実さいはお年玉一万円）

A2 ⑦の念力。

念力でジャイアンとスネ夫を宙に浮かべた。でも二人のかくしげいにされてしまった。

A3 ❶…イ、❷…ウ、❸…ア

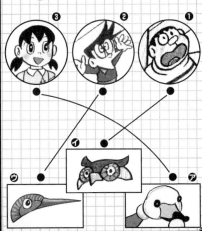

A4 ⑦のつりがね草。

⑦と⑦を出したのはのび太だよ！

16 顔にまつわる ひみつ道具篇

顔を描きかえたり、顔のパーツに細工したり、ねん土のように顔を作りかえたり…！ 顔にまつわる道具のクイズが大集合！

Q1 ドラえもんが描いたのび太の顔はどれだ!?

自分の顔に引け目を感じるのび太は、「取り消しゴム」で顔を消し、「目鼻ペン」で新しい顔を描いてもらうことにする。ところが、ドラえもんは絵に自信がない。ドラえもんが描いたのび太の顔は❶～❸のどれだ?

取り消しゴムと目鼻ペン

(8巻「消しゴムでのっぺらぼう」)

「取り消しゴム」で顔をこすって消し、「目鼻ペン」で好きな顔を描く。ただし、絵の上手な人でないとうまく描けないので注意。

▲失敗したドラえもんは、何度も描いては描き直す。

▼▶消しゴムで顔を消して、ペンで好きな顔を描きこむ。

ウ

イ

ア

Q2 「からだねん土」でしずかちゃんが直したのはどこ!?

からだねん土

(大全集10巻「からだねん土でスマートになろう!」)

体のどこへでもくっつけて整形することができる。くっつけるとほんとに体の一部のようになる。

どこへでもくっつけて自由に整形することができる「からだねん土」で、のび太はムキムキの筋肉ボディーに！ しずかちゃんは顔の一部を直したいと相談してきた。しずかちゃんが直したがったのはどこ？

▲コッソリやってきたしずかちゃんの願いごとは…?

▲ねん土でのび太はムキムキの体に！

ウ ゾウの鼻にした

イ 鼻を高くした

ア 目をパッチリさせた

101

Q3 のび太がジャイアンにしたヒドいことは!?

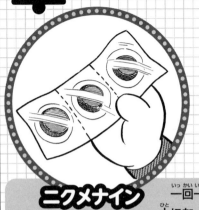

「ニクメナイン」を飲むと、顔を見ただけで相手が怒る気を失い、何をしても怒られなくなる。道具の効き目を試すため、この後のび太がジャイアンにしたヒドいことは?

ニクメナイン

一回一錠。これを飲むととっても感じのいい人になって、だれからも怒られなくなる。

(8巻「ニクメナイン」)

▲道具の効き目で誰にも怒られないことを確信するのび太。この後いったい何を…?

▼ドラえもんをネズミで驚かせても怒らない!

ウ ジャイアンをバットでたたいた

イ ジャイアンをビニール人形にしてなぐった

ア ジャイアンを水にけり落とした

102

Q4 「ネンドロン」でこねてスネ夫のママはどうなった!?

「ネンドロン」をふりかけるとねん土のようにやわらかくなって、自由に形を変えることができる。ママに頼まれてスネ夫がいじった結果、ママの顔はどうなった?

ネンドロン

これをふりかけると、しばらくの間どんなものでもねん土のようにグニャグニャになる。

(カラー5巻「ネンドロン」)

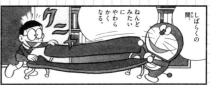

▲のび太の部屋のイスも、引っ張ってベンチのようになってしまう。

▲ママの注文で顔をこねるスネ夫。果たしてママの顔は…?

それじゃ口をかわいらしくざますっ。目をぱっちりさせるざます。どんぐり目ざますっ。そうじゃないざます。だめな子ねっ。

ウ

イ

ア

クイズの答え

 A2 イの鼻。

「ピノッキオみたい」と笑われてしまった。

 A1 イの顔だ。

ドラえもんは絵がヘタだね。

 A4 ウの顔。

「キーッ」と怒ってつかみかかってきたぞ。

 A3 ア。

これでもジャイアンは怒らなかった。すごい！

17 異世界への入口となる ひみつ道具篇

もしもの世界、新しい地球、絵本の中の世界…！ 現実にはない、仮想の異世界への入口になるひみつ道具にまつわるクイズを集めたよ!

Q1 「もしもボックス」以外の道具で行った世界は?

もしもの世界を作りだす「もしもボックス」で、ドラえもんとのび太はいろいろな世界を作ってきた。でも、ア〜ウの世界の中で、「もしもボックス」以外のひみつ道具で出かけた世界がある。ひとつ選んで答えよう!

もしもボックス

(27巻「かがみのない世界」)

もしもこんな世界があったらどうなるか…ということを見せてくれる一種の実験室。ボックスの中に入って受話器を取り、リクエストする。

▲かがみもカメラもない、だれも自分の顔を知らない世界ができたぞ!

▲電話ボックス型のトビラを開けて、中に入ってリクエストする。

ⓒ 魔法世界
科学のかわりに魔法が発達した世界。でも、魔法を使うのにも、勉強が必要なのだ!

ⓑ あべこべ世界
左右が逆の世界。しかも、この世界ののび太は、ジャイアンよりも強いのだ!

ⓐ ねむればねむるほどえらいという世界
いねむりばかりののび太にぴったりの世界。ねむりのお手本としてテレビ出演!

106

Q2 新地球で人類以外に進化した生きものとは!?

のび太が「創世セット」で作った新地球には、なんと人類のほかにも進化をとげて文明をきずいた生きものがいた！はたして、その生きものとはいったい何だろう…!? ㋐〜㋒の中から、ひとつ選んで答えてね！

創世セット

太陽や地球など、自分で太陽系を作ることができる未来の科学教材。

(大長編15巻「のび太の創世日記」)

▲「宇宙の素」をふりまき、「コントロールステッキ」でかきまわすと爆発して太陽系が誕生する。

▲一億年が三時間で見られる。刺激を与えて生命の誕生をうながす。

▲のび太が作った新地球。「神さま雲」に乗って見にいくことができる！

㋒ 昆虫

地底世界で進化して、人間よりも高い文明をきずいているぞ！

㋑ 動物

手や足が人間のように進化している、ふしぎな動物たち。

㋐ 植物

人間のせいで、地球の植物が絶滅するかも…と考えているぞ！

Q3 ドラえもんとのび太が地底世界で作った生きものは!?

「異説クラブメンバーズバッジ」で、ドラえもんとのび太が体験した地底世界。そこで、2人が作ったものは何かな？ア～ウの中から、ひとつ選んで答えてね。

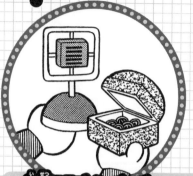

異説クラブメンバーズバッジとマイク
(23巻「異説クラブメンバーズバッジ」)

異説をマイクに話して、バッジをつける。バッジをつけた人はみんな異説クラブのメンバーになり、その異説の世界が本当になる。

ここが入り口だと信じよう。
信じた。信じた。

このバッジをつけると、おなじ考えの仲間になる。
世の中にはいろんな考えを持つ人がいる。

◀◀バッジをつけると異説の世界を共有できる。

▲▶地底世界の入口と信じて飛びこんだぞ！

ウ
雲ロボット

イ
地底人
「地底人のアダムとイブだね。」

ア
火星人
「カビを食べてくらしているんだ。」

108

Q4 「人魚姫」の最後はどう変わった!?

ドラえもんは、「絵本入りこみぐつ」で「人魚姫」の絵本世界へ。でも、ドラえもんのせいで、お話が少し変わっちゃったみたい!? どんなふうに変わったのか、ア〜ウの内からひとつ選んで答えてね!

絵本入りこみぐつ
(19巻「しあわせな人魚姫」)

このくつをはいて絵本の上に乗っかると、本の中の世界に入っていける。

▲絵本の中に入っていける!

▶絵本の世界で、登場人物と話すことができちゃう!

ウ のび太が王子様と結婚した

イ しずかちゃんが人魚姫になった

ア 人魚姫が王子様と結婚した

クイズの答え

A2 ⓒの昆虫人類だ。

地底世界の支配生物。学名をホモ・ハチビリスといいます。

⑦は植物型宇宙人（33巻「さらばキー坊」）、④はアニマル惑星の住人（大長編10巻「のび太とアニマル惑星」）。

A1 ④のあべこべ世界。

あべこべ世界は、「あべこべ世界ミラー」（大全集15巻「あべこべ世界ミラー」）を使って行った世界だよ。

A4 ⑦の「人魚姫」。

人魚姫が王子様を助けたことをドラえもんが証言して、二人が結婚できたんだ。ハッピーエンドだね。

A3 ④の地底人。

作ると自由に動き出す「動物粘土」で作ったよ。

18 アドバイスしてくれる ひみつ道具篇

いつもツイてないのび太くんを助けるには!? ちょっと先に起こることを教えてくれる便利な道具にかんするクイズだよ! ツイてない人必見!!

Q1 のび太の身に起きた出来事は!?

めずらしくとってもいいことが起きそうな予感ののび太の頭に、「よかん虫」が止まったよ！さて、この後のび太にいったいどんなことが起こったかな!?

よかん虫

(12巻「よかん虫」)

「よかん虫」は、こんなことが起こりそうだな…という予感を、本当のことにしてくれる。ただし、悪い予感も本当にしてしまうので、いいことだけ考えないといけない。

▲「よかん虫」が止まると予感が本当の出来事になる。

▶虫の形をしたロボットだ。

ウ ホームランを打った！

イ モテモテになった！

ア お金をひろった！

112

Q2 何もない道でのび太に起こったさいなんとは!?

何かあぶないことが近づくと、ブザーを鳴らして教えてくれる便利な「さいなん報知器」！ところが、何もない道だというのに、なぜだかブザーが鳴りやまない！この後のび太はどんな目にあう!?

さいなん報知器

さいなんが近づくとブザーが鳴って知らせてくれる。腕に巻いて使うので、外出時の携帯性も良い。

(7巻「さいなんにかこまれた話」)

▲ブザーでさいなんを教えてくれる。

▼誰もいない、車も通っていない道で、なぜだかブザーが鳴りっぱなし！のび太を襲うキケンな出来事とは !?

工事中の穴に落ちる！

上から落ちてきたベンチが頭に直撃！

飛んできたボールが頭にぶつかる！

Q3 丸めたガムを耳につめて…この後何が起こる!?

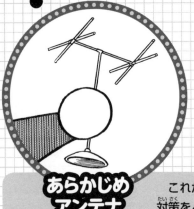

あらかじめアンテナ

(11巻「あらかじめアンテナ」)

何か起こりそうになると、体がひとりでに動きだす「あらかじめアンテナ」。ママに呼ばれたと思ったら、ガムをかんで、ちぎって丸めて、耳につめだした! のび太の身に、この後何が起こる!?

これから起こる出来事に対して、あらかじめ対策をとってくれる。

▲屋根に立っているテレビアンテナみたいな形。

▼理由はわからないが、勝手に体が動き出す。

ウ 耳を思い切りつねられる!

イ ママにたっぷりお説教される!

ア ママの歌を聞かされる!

Q4 「みちび機」の信じられないアドバイスとは!?

「みちび機」は、迷った時におみくじが出て、どうすればいいかを教えてくれるひみつ道具。道で見かけたジャイアンに対し、のび太は何をしろとアドバイスされた？
ヒント‥のび太が青ざめるようなことが書かれていたよ！

みちび機
(13巻「七時に何かがおこる！」)

「みちび機」は何かに迷った時、上のボタンを押すとおみくじが出て、みちびいてくれる道具。おみくじの言うとおりにすれば救われる。

▲まよった時にみちびいてくれる。

まよった時、上のボタンをおすとおみくじがでて、みちびいてくれる。

▼おみくじを見てのび太はまっ青！ いったい何と書かれていたのか！？

ウ　　　　イ　　　　ア

クイズの答え

A1 ⑦だ!

お金を拾いそうな予感がしたのだ。ただし、1円玉だったけどね。

A2 ⑦のペンチ。

電柱に登って工事していたおじさんが、うっかりペンチを落としたのだ!

A3 ⑦のお説教。

お説教されてもガムのおかげで全然聞こえなかったから平気だ。

A4 ⑦のけとばす!

けとばしたおかげでのどにつまっていたアメ玉が取れて、ジャイアンは喜んだのだ!

116

ひみつ道具ひとやすみクイズ その2

ここらでもう一度ひとやすみ！ドラえもんが四次元ポケットから取り出すふしぎなひみつ道具についてのクイズだよ。ゆっくり考えてね！

共通点をさがせ！ 1

左に並べた4つのひみつ道具に共通することはなんだろう？ ○○の中に同じ言葉が入るぞ。考えてね！

- なかまいり○○こう
- 道路光○
- バショー○
- ○人ロボット

共通点をさがせ！ 2

左に並べた4つのひみつ道具に共通することはなんだろう？ ○○の中に同じ言葉が入るぞ。考えてね！

- 原子力潜水艦型ゼンマイ式潜地○
- ○○ゲキドリンク
- 家の○じ変○機
- ○○ヅメ○○

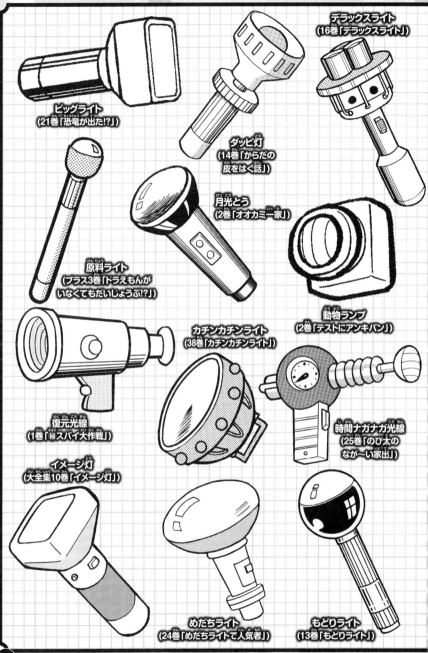

ちがいをさがせ！

上の絵と下の絵で、ちがうところが5か所あるよ。全部見つけて答えてね！

ひみつ道具ひとやすみクイズの答え

1 共通点をさがせ！の答え

「道路光線」、「なかまいりせんこう」、「仙人ロボット」、「バショー扇」。みんな名前に「せん」が付く道具だ。

2

「カンゲキドリンク」、「センマイ式潜水艦」、「カンヅメカン」、「家の感じ変換機」。みんな名前に「かん」が付く道具だ。

同じライトをさがせ！の答え
ここにあるよ！

ちがいをさがせ！の答え
左のとおり。

19 ビックリ!! 驚かせるひみつ道具篇

ビックリ、ドッキリ!! いろいろな方法で驚かせるひみつ道具を集めたよ。キミならどの道具を使う!?

Q1 のび太が叫んだ悲鳴はドレだ!?

スネ夫のびっくり箱に驚かされたのび太は、なんとかやり返そうと「びっくり箱ステッキ」を出してもらう。では、スネ夫のびっくり箱のせいでのび太が叫んだ大きな悲鳴は、ア～ウの内のどれだろう?

びっくり箱ステッキ
(16巻「びっくり箱ステッキ」)

このステッキでさわると、机の引き出しやなべのフタや、ゴミバケツのように、開けるものをなんでもびっくり箱に変えることができる。

▲開けるものにさわるとなんでもびっくり箱になる。

◀のび太が上げた大きな悲鳴に二人ともびっくり!

ウ ドシーン

イ アキャアー

ア ギャビー

122

Q2 のび太のママに起こったドッキリ事件とは!?

スネ夫がこっそりしかけたビデオで、みっともない姿を撮られたのび太。笑ったみんなをやりこめようと、カメラを向けると騒動が起きる「ドッキリビデオ」をドラえもんから借りる。試しにママに向けたところ、どんなドッキリ事件が起こった!?

ドッキリビデオ

このビデオカメラを向けると、相手がドッキリするような怪事件が起きる。看板を見せれば何事もなかったように許される。

(37巻「ドッキリビデオ」)

カメラをむけて撮るだけで、相手がドッキリするような怪事件がおきる。

▲カメラを向けると怪事件が発生！

▶化粧台でお化粧中のママにカメラを向けると、鏡の中に写ったのは…!?

ウ のっぺらぼうになった

イ ものすごく美しくなった

ア オバケみたいな顔

Q3 「いたずらオモチャ化機」で何が起きた!?

いたずらオモチャ化機

スネ夫のいたずらオモチャに引っかかったのび太は、ドラえもんに出してもらった「いたずらオモチャ化機」でスネ夫にいたずらをしかけようとする。テストとしてイスをいたずらオモチャにしたらどうなった?

この道具を向けて引き金を引くと、なんでもいたずらオモチャに変わってしまう。

(36巻「いたずらオモチャ化機」)

▶イスに使うといったい何が起こる?

▲大好きなしずかちゃんにまで笑われてのび太は大ショック。

ウ とつぜんなぐりだした

イ 部屋中とびはねた

ア 急に走り出した

Q4 町中にとつぜん現れたライオンの正体は!?

着るとあらゆる出来事が大げさに感じられる「オーバーオーバー」。これを着て大冒険に出発したのび太が、家を出てすぐにライオンとそうぐうした！さて、このライオンの正体は次の内のどれ？

オーバーオーバー

(13巻「オーバーオーバー」)

ごく普通の出来事が大げさに感じられ、大したことじゃなくてもハラハラドキドキできる。

▼おっかな〜いライオンの正体は…!?

▲「オーバーオーバー」を着ると、ただのゴキブリもサソリに見える！

ウ　オモチャのネコ

イ　小さな犬

ア　動物園から逃げたライオン

クイズの答え

A2 ⑦のオバケみたいな顔。

オバケみたいな顔が写ったのだ。

A1 ④の「キャアーア」。

びっくりしすぎて「キャアーア」なんて悲鳴を上げて家に逃げ帰ったのだ。

A4 ④の小さな犬。

小さな犬なのでのび太でも勝てた。

A3 ④のとびはねた。

ただし、どんな効果が出るかは、やってみないとわからない。

20 別の時間が見られるひみつ道具篇

タイムマシンのようにその時間まで出かけていくのは大変？ お手軽に別の時間を見ることができちゃういろいろなひみつ道具のクイズだよ!!

Q1 「ゆっくり反射ぞうきん」でふいたら何が映った!?

「ゆっくり反射ぞうきん」は、ふけばふくほど鏡に映るのがおそくなる道具。たくさんふけば、昨日の出来事も映し出すことができる。
ではここで問題。「ゆっくり反射ぞうきん」でふいた鏡を覗き込んだのび太のママが悲鳴を上げてびっくり！
さて、いったい何が映っていた？

ゆっくり反射ぞうきん
（8巻「ゆっくり反射ぞうきん」）

このぞうきんで鏡をふくと、ふけばふくほど前の時間のものが映し出される。

▲「ゆっくり反射ぞうきん」で鏡をふくと、鏡に映るまでに時間がかかる！

ふけばふくほどうつりかたがおそくなるんだ。

なにが映った!?

▼ママは何を見ておどろいた!?

ウ べろべろばあするドラえもんが映った

イ 変な顔のしずちゃんが映った

ア アカンベーしたジャイアンが映った

128

Q2 のび太がジャイアンから取り返したものは!?

おやつのドラやきがゴキブリにあらされた!「タイムホール」と「タイムトリモチ」を使ってドラえもんはドラやきを取り返す。では、「タイムホール」を使ってのび太がジャイアンから取り返したものは何?

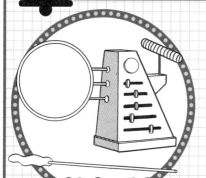

タイムホールとタイムトリモチ
(17巻「モアよドードーよ、永遠に」)

うしなわれた物を取りもどす機械。タイムホールで見たい時間を決めて、タイムトリモチをつっこんで取り出す。

▼のび太はジャイアンに何を取られた?

▶ゴキブリにあらされる前のドラやきを取りもどしたぞ!

ウ　おもしろいまんが

イ　つくったばかりのプラモ

ア　新型ゲーム

Q3 「イマニ目玉」が見せる未来！ママはなぜ怒った!?

見たい時間をセットして目の上に乗せると、その時間の場面を見せてくれる道具「イマニ目玉」。のび太が十分後の場面を見てみると、出かけたはずのママが怒っている場面が見えた！さて、ママが怒った理由は次のア〜ウのうちどれ？

イマニ目玉

ダイヤルで時間調節をしてこの目玉をつけると、未来の出来事を見せてくれる。

（4巻「世界沈没」）

▶本体のダイヤルを見たい時間にセット。その時間に自分が見るはずの場面を見ることができる。

「イマニ目玉」のこしょうかな？もういっぺん、ためしてみよう。ダイヤルを十分後にセットして……。

◀カンカンに怒っているママ。いったいなぜ!?

ウ トイレのドアが開けっぱなしだった

イ 0点のテストを見つけた

ア バッグの中にカエルが入っていた

Q4 「水ビデオ」でのび太たちが見た映画は!?

水にうつったものなら、なんでもあとから再生して見ることができる「水ビデオ」! ドラえもんとのび太は、この「水ビデオ」を使ってある映画を見た。さて、二人が見た映画は何だろう？ ア〜ウから、ひとつ選んで答えてね!

水ビデオ

(26巻「水はみていた」)

「水ビデオ」の本体に水を入れて時間を合わせると、その時間に水にうつった出来事を見ることができる。

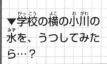

▼学校の横の小川の水を、うつしてみたら…？

▲水にうつったものを、あとから再生できる。

ウ

『スペースウォーズ』

イ

『大魔境』

ア

星野スミレの出演映画

131

クイズの答え

 **イ**のドラえもん。

お化粧しようと鏡を見たら、ドラえもんの顔がうつってびっくり!

 イのプラモ。

つくったばかりのスーパーカーのプラモをとり返した!

 アのカエル。

お出かけしていたママは、いたずらに気づいて怒りながら帰ってきた。

 イの『大魔境』。

今やってる最新作を楽しんだ。

21 自由にあやつれ！ラジコン大作戦!!篇

いろいろなものをはなれた場所から自由自在に動かせる！ラジコンタイプのひみつ道具にまつわるクイズだよ！

Q1 「ラジコン潜水艦セット」で行った別荘はどれ?

部屋にいながら模型のラジコンを操縦して、海や川を楽しめる「ラジコン潜水艦セット」！この潜水艦を使って、サザエやアワビが取れるといううス ネ夫の別荘へ向かおう！さて、スネ夫の別荘は㋐〜㋒の内のどれ？

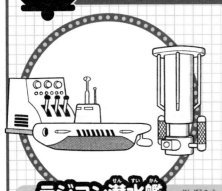

ラジコン潜水艦セット
(26巻「かアワビとり潜水艦出航」)

潜望鏡を天井にセットし、川に沈めた潜水艦を操縦する。コースをセットすれば、自動操縦で目的地に着ける。

▼航路を書いた地図をセットしておけば、自動操縦で目的地に到着！

▲潜望鏡をのぞきながら、潜水艦を操縦！目的地まで全速力！！

㋒ 百丈島

㋑ 四丈半島

㋐ 軽井沢

134

Q2 自動操縦されたジャイアンがしたことは…!?

勝手すぎるジャイアンを、「人間ラジコン」で操縦しちゃおう！そんなジャイアンが、自動操縦中にやったこととは…!? ア～ウの中から、ひとつ選んで答えてね！

人間ラジコン

受信機をセットした人間を、操縦機で思いのままにあやつることができる。

(10巻「人間ラジコン」)

▶受信機を発射してスタート！

▼レバーを操作したとおりに動くのだ！

ウ のび太と愛の告白練習をした！

イ 火事を発見してほめられた！

ア まぼろしのヘビ、ツチノコを発見！

135

Q3 「ラジコンねんど」を使って冒険先で作ったものは!?

どんな形を作ってもラジコンで動かせる「ラジコンねんど」! 実は大冒険で出かけた先でも使われたことがあるひみつ道具なのだ! いったい、ドラえもんたちは「ラジコンねんど」で何を作ったのかな!? ア〜ウから、ひとつ選んでね!

ラジコンねんど

動物や乗りものなど、このねんどで作ったものはラジコンで自由に操縦することができる。

(大全集11巻「ラジコンねんど」)

▼かっこいい自動車で、ドライブに出発!

▲なんか変だと思ったら、ラジコンねんど製のドラえもん!

ウ	イ	ア
 ラジコン戦車 (大長編6巻「のび太の宇宙小戦争」)	水中バギー (大長編4巻「のび太の海底奇岩城」)	 バギーカー (大長編1巻「のび太の恐竜」)

136

Q4 ラジコンカーで机の下に発見したものは!?

「ラジコンシミュレーター」でラジコンの車を操縦し、のび太の部屋を探検ドライブ！では、のび太が操縦するラジコンで、自分の机の下で発見したものは何かな？　㋐〜㋒の中から答えてね。

ラジコンシミュレーター
(22巻「ラジコンシミュレーターでぶっとばせ」)

コクピットに座って操縦するとラジコンカーが動き、スクリーンに車からの景色が映される。車がぶつかると、コクピットも振動する。

▼本物の車を運転しているみたい！

▲右がアクセル、左がブレーキ。

㋒ 万年筆とさいふ

㋑ 100円玉

㋐ クモの巣

クイズの答え

A2 **イ**の火事。

火事を発見してほめられた。

A1 **イ**の四丈半島の別荘。

四丈半島にあるスネ夫の別荘。目の前が海だ。

A4 **ア**のクモの巣。

机の下にクモが巣を張っていた。

A3 **ア**のバギーカー。

目立つように走らせて、敵の目を引きつけた。

22 ミニチュアの世界でふしぎ体験！篇

箱庭やジオラマ、ミニカーなど…！ ミニチュアの世界で楽しく遊べるひみつ道具に関するクイズだよ！

Q1 スキー場のムード作りでドラえもんは何をした!?

スキーに行きたいというしずかちゃん。そこで、ドラえもんが用意したのが「はこ庭スキー場」! この時、ムードを出すために、ドラえもんは何をした…? ⑦〜⑨の中から、ひとつ選んでね。

はこ庭スキー場

（6巻「はこ庭スキー場」）

コースやロッジを組み合わせて自由に組み立てられるスキー場。小さくなれば、場所を選ばずスキーが楽しめる。

▲小さくなると本物そっくり！ ミニサイズになって遊ぶよ！

▶▶ミニチュアのコースにリフトなどを設置して、はこ庭のスキー場作り。雪をふらせて完成！

ウ 星をふらせた！

イ あめ玉をふらせた！

ア にじを出した！

Q2 一瞬でミニカーのところに移動できる道具は!?

車庫の中にいろいろな車が入っている「実用ミニカーセット」! さらに、あるひみつ道具を使えば、一瞬にしてミニカーの到着先まで移動できるのだ。さて、この便利なひみつ道具とはいったい…?

実用ミニカーセット

車庫の中から使いみちに応じた車が出てきて、自動操縦で働いてくれる。

(42巻「実用ミニカーセット」)

▲「実用ミニカー」の行き先まで瞬間移動できるこのベルトは…!?

◀冷凍車を出して、アイスを買ってきてもらう。

▶専用のシミュレーターを使えば、本物そっくりに運転できる。

ウ
人間じしゃくベルト

イ
逆重力ベルト

ア
おっかけベルト

141

Q3 「箱庭シリーズ」ではないものはどれ!?

自然の山をミニチュアにした「箱庭シリーズ」。「スモールライト」で小さくなって、山の中で安全に遊ぶのだ! さて、このシリーズにはいろいろな山がある。だが、⑦〜⑦の内、「箱庭シリーズ」ではないものがある。ひとつ選んで答えよう!

箱庭シリーズ
(38巻「箱庭で松たけがり」)

家の中にいてもお手軽に山遊びを楽しめる。ロッククライミング練習用の「岩山」、スキー用「ゲレンデ山」、お子さま用「ハイキング山」などいろいろな種類がある。

▲パパは「急流山」でイワナつりを楽しんだ。

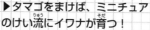

▶タマゴをまけば、ミニチュアのけい流にイワナが育つ!
▼時間がなくてイワナつりに行けなかったパパは大コウフン。

「瞬間成長ミニチュアけい流魚のタマゴ」をまく。

⑦ 公園

⑦ 「そう難ごっこの山」

⑦ 松たけがり用「赤松山」

Q4 「潜水艦」が沈んだ理由は!?

家の中に海底公園を作りたい！「おざしきつりぼり」で魚をつって、「スモールライト」で小さくして、ミニ水族館を作って「潜水艦」で見物だ！ところが思わぬアクシデントで潜水艦が沈んでしまった。いったい何が起きた!?

おざしきつりぼり
巻き紙状のつりぼりを部屋の中に広げ、海や川を四次元スクリーンに映し出してつりを楽しめる。
(23巻「おざしき水族館」)

瞬間移動潜水艦
水に入れるとまわりの広さに合わせて伸び縮みする潜水艦。水から水へジャンプできる。

スモールライト
このライトの光で照らしたものを小さくすることができる。

◀水そうの中は海の魚でいっぱい!!

クジラのしっぽに跳ね飛ばされ、水そうのガラスにぶつかってしまった！

突然攻撃を受けた！

突然故障した！

クイズの答え

A1 ⑦のにじ。

スキー場ににじを出して、ムードをもり上げた。

A2 ⑦の「おっかけベルト」。

ボタンを押せば「実用ミニカー」の行き先まで一瞬で移動する！

A3 ⑦の公園。

⑦の公園は「箱庭フレーム」で作ったものだ（カラー2巻「箱庭フレーム」）。「そう難ごっこの山」も「箱庭シリーズ」なのだ（45巻「四次元くずかご」に登場）。

A4 ⑦。

クジラに飛ばされ、水そうの底まで沈んでしまった。

23 声にまつわるひみつ道具篇

はなれた場所に大砲で声を発射したり、声をかたまらせたり、おならで歌を歌ったり!? 声にまつわる数々のひみつ道具について問題を出すよ!

Q1 のび太はどんな用件でしずかちゃんをさそった？

ジャイアンとスネ夫にじゃまされたくないのび太は、「メッセージ大砲」を使ってしずかちゃんに直接メッセージをとどける。さて、のび太がしずかちゃんをさそった用事はなんだろう？

メッセージ大砲

どれだけ遠い場所にいても、とどけたい相手にだけメッセージを送ることができる。

(35巻『大砲でないしょの話』)

▲▲電波がとどかない山奥にいても、見つけてメッセージを届けてくれる。

パパ、部長さんが急用だって。すぐ連絡してね。

え、ほんと⁉

ウ
しずちゃん。映画を見にいくからうちへおいで。

イ
しずちゃん。しゅくだいやるからうちへおいで。

ア
しずちゃん。木イチゴつみにいくからうちへおいで。

146

Q2 どろぼうネコをつかまえるのに何とさけんだ!?

「コエカタマリン」は大きな声を出すと声がかたまるふしぎな飲み薬。では「コエカタマリン」を使って、のび太がどろぼうネコをつかまえるために発した言葉は何?

コエカタマリン

これを飲んで大きな声を出すと、さけんだ声がかたまりになる。

(12巻「声のかたまり」)

▲どろぼうネコをつかまえろ!

▲大きな声がかたまりになって飛んでいく。

◀「エー」の文字を使って、上手にボールを取るのび太。

ウ マテ

イ コラ

ア ダメ

Q3 のび太が「音楽イモ」で歌った歌は何!?

忘年会でやるかくし芸に悩むのび太にドラえもんが取り出したのは「音楽イモ」！おしりから出るメロディーガスで歌うのだ！では、のび太が「音楽イモ」を食べて忘年会で歌った歌は何だろう？

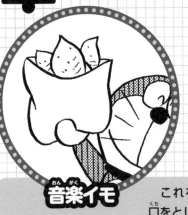

音楽イモ
(4巻「メロディーガス」)

これを食べて10分たつとガスがたまって、口をとじていてもおしりから出るメロディーガスで歌が歌える！

▼口をとじたまま、そよ風みたいにさわやかな声で歌うドラえもん。

▲のび太は一体なんの歌を歌ったのかな？

ウ プップップ ハトブッブ♪

イ どこかで春が生まれてる♪

ア 春のうららのすみだ川♪

Q4 のどじまんに出たジャイアンはだれの声のつもりだった?

声のとくちょうをとらえたキャンデーをなめれば、その人そっくりな声に！のどじまんのテレビ番組に出演したジャイアンは、このキャンデーでだれの声になるつもりだった？

声のキャンデー
(8巻「キャンデーなめて歌手になろう」)

ひとりひとりちがう声の特ちょう(声もん)をとらえたキャンデー。なめるとその人の声を出すことができる。ただし効き目は30分間だけ。

▲ジャイアンはだれの声に!?

▲ママの声もんのキャンデーをなめると、ママそっくりな声に！

| ⑦ 青山テルマ | ⑦ 天地真理 | ⑦ あいみょん |

クイズの答え

A2 ❶の「コラ」。

図のように「コラ」でつかまえたんだ。

A1 ㋐の木イチゴ。

「木イチゴをつみにいくから」だよ。

A4 ❶の天地真理。

アイドル歌手の天地真理の声になるつもりだったんだけど…。

A3 ㋒の「ハトポッポ」。

「ハトポッポ」だけど、ちょっと雑音が混じってるね。

24 何かを見つける ひみつ道具篇

何かを探したい、見つけたい！ そんな時に役立つのは!? 何かを見つけるひみつ道具についてのクイズだよ!!

Q1 「思ったよりよかった」のび太のテストの点数は!?

テストの点数がとても悪かったジャイアンに巻き込まれて、百点を取ったことを自慢できなくなったスネ夫。のび太はスネ夫がかくしたテストを見つけようとする。さて、ジャイアンが十五点だったというこのテスト、笑顔のび太の点数は？

ペーパーレーダー

(28巻「大ピンチ！スネ夫の答案」)

金属探知機のように、離れたところにある紙を探しだす機械。スネ夫の答案用紙を見つけようとした。

▼ニコニコしているのび太のテストの点数は…!?

▲スネ夫はのび太とジャイアンに百点の答案を見つけてもらって自慢しようと考えるが、にぶい二人はなかなか発見してくれない。

ウ 十点

イ 0点

ア 百点

Q2 「ほしい人探知機」がつける目じるしは!?

「ほしい人探知機」は、ほしがっている人を探し出してくれるひみつ道具。ほしがっている人を見つけると、最後に目じるしをつける。その方法とは？

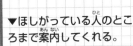

ほしい人探知機

(32巻「ほしい人探知機」)

例えば「車」を覚えさせると、その車をほしがっている人を見つけだす。ただし、相手がお金を持っているかどうかまではわからない。

これっ、これをおぼえるんだぞ。

▲車のカタログを見せれば、車をほしがっている人を見つけてくれる。

免許証をきょうとったところだ。
いやあ苦労したなあ。
すぐにセールスマンをよこします。

みつけた!!
クル

こっちこっち。
ペコペコ
ペコ
ペコ

▼ほしがっている人のところまで案内してくれる。

ア スミをぶっかける

イ 矢がささる

あの人だ!

ウ 真っ赤になる

ワァ〜、まっかになった!!

Q3 貯金箱の場所がわからなくなった理由は!?

断層ビジョン

(36巻「断層ビジョン」)

「断層ビジョン」は外から見えない部分を調べる道具。のび太が裏山にうめた貯金箱の場所がわからなくなってしまったため、裏山の内部を調べた。では、貯金箱の場所を見失ってしまったのはなぜ?

学術研究用に開発された機械。深海や巨大なピラミッドの内部など、外から見えないようなところを手軽に調べることができる。

▼地面の中を見ていくと、貯金箱を発見!!

▲元々は学術研究用に開発された道具。小さなハチの巣の中から、地球の内部まで、さまざまなものの断面を調べることができる。

ウ

実はうめていなかった

イ

目じるしがいいかげんだった

ア

暗号があとでわからなくなった

Q4 「マグマ探知機」がマグマを見つけた音は!?

新しい島を作るため、マグマを探そうとドラえもんが出した「マグマ探知機」。マグマを見つけた時に鳴る音は次のうちどれ？

マグマ探知機

マグマの上を通ると音を出して知らせてくれる。

（9巻「無人島の作り方」）

▼「マグマ探知機」はマグマの位置をどんな音で知らせてくれた？

▲海底火山をふん火させて新しい島を作ろうとするドラえもんとのび太。夢はふくらむが、なかなかマグマが見つからない。

マグマグマグマグ

アルアルアルアル

ピコピコピコピコ

クイズの答え

A2 イ。

ガイドアローが発射されて、ほしい人にあたるんだ。

A1 ⓦの十点!

十点だけどのび太はニッコニコ。

A4 ⓦの音だ。

「マグマグマグマグ」と鳴るのだ!

A3 イ。

空きかんやのら犬を目じるしにしたら、場所がわからなくなるのもムリはない。

25 花が咲く ひみつ道具篇

暖かくなってきて花が咲きだす季節になると、心がウキウキしてくるね！花が咲くひみつ道具のクイズを集めたよ！

Q1 「暗くて陰気くさい」のを解決するために出したはのは？

お花見に行きそびれたのび太のために、ドラえもんは「花さかばい」を使って、花が散った桜を満開にする。では、「暗くて陰気くさい」というのび太の文句を解決するためにドラえもんが出したのは何という道具？

花さかばい
(45巻「何が何でもお花見を」)

むかし話の「花咲かじいさん」がまいた灰のように、これをまけば散ったばかりの桜であっても、あっという間に花をさかせることができる。

▶「花さかじいさん」のように、をまけば、「花さかじいさん」のように、かれた木にも花がさく。

▶桜をさかせただけでは、のび太の注文は終わらない。

わかった！どうすれば気にいる。

花がさけば、いいってもんじゃないよ。

なんでもどんどんいってくれ。

ウ 暗くなる電球

イ 夜昼ランプ

ア 怪談ランプ

Q2 のび太は何をしてジャイアンとスネ夫を怒らせた!?

ジャイアンとスネ夫を怒らせたのび太。ドラえもんは、においをかぐとなんでもわすれてしまう「わすれろ草」を取り出す。それでは、ジャイアンとスネ夫を怒らせた、のび太がやったことは何？

わすれろ草

この花のにおいをかがせると、やろうとしていたことをわすれてしまう。

(9巻「わすれろ草」)

▼のび太はいったい何をした？

▲「わすれろ草」のにおいをかぐと、なんでもかんでもわすれてしまう。

ウ ひどい落書きをした

イ 二人をドロまみれにした

ア ベロベロバーをした

Q3 「ドラえもんがうるさいな」と思ってできた植物は!?

「新種植物製造機」は、植物を改造して新種の植物を作り出すひみつ道具。では、のび太が「ドラえもんがうるさいな」と思いながらいじっていたらできてしまった花はどんな花?

新種植物製造機

細胞の中の染色体にふくまれている遺伝情報に手を加え、新種の植物を作り出すことができる道具。

(21巻「だいこんダンスパーティー」)

▼「タイムふろしき」であっという間に育つ。どんな花ができたかな?

▲けんび鏡のような形で、遺伝情報に手を加える。

▲横からうるさいドラえもん。

ウ 花がジャイアンのチューリップ

イ 花がチューをしてくるチューリップ

ア 花がネズミのチューリップ

160

Q4 スネ夫はしずかちゃんの誕生日に何をあげた？

誕生日にオルゴールをほしがっているしずかちゃん。のび太は音楽が流れる「ろく音フラワー」を育てることに。それでは、スネ夫がオルゴールの代わりに用意したプレゼントは何？

ろく音フラワー

(プラス1巻「ろく音フラワー」)

「ろく音フラワー」は音楽を栄養にして育つ植物。花が開くとそれまでに聞いた音が流れだす。

これはね、音楽を栄養にして育つ花だ。

▼さいた花から、聞かせた音楽が流れる。

まあ、花が歌を歌うなんて。

開いた。

▲音楽を栄養にしてタネから育つ。

ウ 風鈴

イ 小さい砂時計

ア ラッコのぬいぐるみ

クイズの答え

A2 ウの落書き。

のび太が描いた落書きを見て怒ったんだ。

A1 イの「夜昼ランプ」。

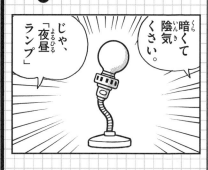

つけると昼のような明るさに。

A4 ウの風鈴。

スネ夫は風鈴、ジャイアンは絵を持ってきた。

A3 アのチューリップ。

口うるさいドラえもんを追いはらった。

26 洋服タイプのひみつ道具篇

着るだけでいろんなことができちゃうなんて便利だよね！
ドラえもんは洋服タイプのひみつ道具もいろいろ出しているよ！

Q1 ママに化けたのび太は何をした？

だれにでも化けることができる「変装服」。これを着てママそっくりに化けたのび太がやったこととは！?

変装服

化けたい相手を見るだけで、その人そっくりになることができる。

(大全集4巻「変装服」)

▲体型や背の高さがちがっても、化けたい相手そっくりに化けることができるんだ。

ジャイアンとスネ夫をしかりつけた

こっそりアイスを食べた

昼寝した

Q2 のび太は何を披露してみんなをしびれさせた？

ジャイアンのひどい歌を無理やり聞かされ、「しびれるしびれる」とおおげさに強制されたのび太。「ちく電スーツ」で電気を起こし、みんなを本当にしびれさせようとする。それでは、のび太は何を披露した？

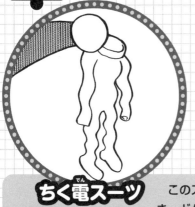

ちく電スーツ

(13巻「ちく電スーツ」)

このスーツをじかに着て動き回ると電気が起き、どんどんたまっていく。ただし、アースをつけておかないと電気がたまり過ぎてキケン。

▲発生した電気でピリピリと周りの人をしびれさせる。

▶「ちく電スーツ」を着て動き回ると電気を発生させることができる。

ウ 歌を歌った

イ 百発百中のはなくそダーツ

ア さっそうとしたあやとり

Q3 「フクロマンスーツ」で飛び続けるためには!?

スーパーヒーローに憧れるのび太は「フクロマンスーツ」を出してもらう。ところが「フクロマンスーツ」で空を飛ぶためにはあることをしないといけない。それは次のうちのどれ？

フクロマンスーツ

スーパーヒーローのようになれるスーツ。ただしおもちゃなので、いちおうブロックは割れるけど痛い。

(34巻「フクロマンスーツ」)

▲飛ぼうとするとすぐに落ちてきてしまう。飛び続けるためには何をしなければいけない!?

▲見た目はあんまりかっこよくない。

ウ 風船でうかぶ

イ 何度もジャンプする

ア 泳ぎ続ける

166

Q4 ジャイアンの部屋でのび太が食べたものは?

船の模型をジャイアンに取られたのび太は「潜地服」を着て取り返しに行く。では、ジャイアンの部屋にしのびこんだのび太がこっそり食べたジャイアンのおやつは何?

潜地服

(大全集3巻「潜地服」)

潜水服は水の中に潜るが、この服は地面の中に潜る。たたみや電柱の中も泳いで進むことができる。

▲ジャイアンの家にこっそりのりこめ!

▲たたみや地面の中に潜ることができる。

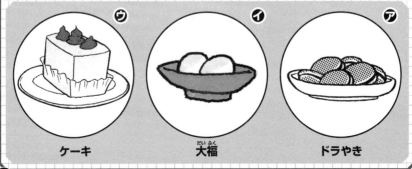

ウ ケーキ　　イ 大福　　ア ドラやき

クイズの答え

A1 ウ。

さらに、キャンデーをうばって日ごろのうらみを晴らした。

A2 ウの歌を歌った。

歌を歌ってしびれさせた。ただし、のび太も歌はヘタだ。

A3 アの泳ぎ続ける。

泳がないと落ちてきてしまう。

A4 イの大福。

のび太は大福を全部食べてしまった。

ひみつ道具 ひとやすみクイズ その3

ラスト前にもう一回、ひといき入れてがんばろう！ドラえもんが四次元ポケットから取り出すふしぎなひみつ道具についてのクイズだよ。ゆっくり考えてね！

共通点をさがせ！①

左に並べた4つのひみつ道具に共通することはなんだろう？ ○○の中に同じ言葉が入るぞ。考えてね！

- 人間ラジ○○
- ○○チュー丹
- ふくびん○○ビ
- アベ○○べ

共通点をさがせ！②

左に並べた4つのひみつ道具に共通することはなんだろう？ ○○の中に同じ言葉が入るぞ。考えてね！

- ○○明マント
- 月光○○
- 0点の○案
- 名○電光丸

ちがいをさがせ!

上の絵と下の絵で、ちがうところが5か所あるよ。全部見つけて答えてね!

ひみつ道具ひとやすみクイズの答え

① 共通点をさがせ!の答え
コンチュー丹、人間ラジコン、アベコンベ、ふくびんコンビ。みんな名前に「こん」がつく道具だ。

② 月光とう、とう明マント、名刀電光丸、0点の答案。みんな名前に「とう」がつく。「0点の答案」もドラえもんがポケットから出したよ(大長編9巻「のび太の日本誕生」)。

同じロボットをさがせ!の答え
ここにあるよ!

ちがいをさがせ!の答え
左のとおり。

172

27 童話がモデルの ひみつ道具篇

「うちでの小づち」や「天人のはごろも」など、童話には魅力的なアイテムがたくさん！童話がモデルになったひみつ道具のクイズが大集合だよ！

Q1 ドラえもんはどんな手順でドラ焼きを食べた?

ドラえもんは「うちでの小づち」を持っているが、この小づちは手順や方法にちょっと問題があった。では、ドラやきを出そうと思ったドラえもんは、十円からどんな手順でドラ焼きを食べることができた?

うちでの小づち

(8巻「うちでの小づち」)

小づちを振りながら願いごとを言うとかなえてくれる。ただし、かなえ方がややこしかったり乱暴だったりで、すんなりといかない。

▶むかし話『一寸ぼうし』でおなじみの「うちでの小づち」だが、なにやら問題が?

◀「ドラやきでろ」と願いながら振ると十円玉がコロリ。

ウ 十円が転がり込んだ引越し中の荷物運びを手伝ったお礼に

イ 十円で、はやっていない和菓子屋さんの宣伝をしたお礼に

ア 十円を追ってママのスーツのボタンを見つけたお礼に

174

Q2 「ジャック豆」で行った雲の上で何をした?

童話『ジャックと豆の木』のように、地面にまくと雲の上までのびる「ジャック豆」。では、「ジャック豆」でたどりついた雲の上で、のび太たちは何をして遊んだかな?

ジャック豆

地面にまくとすぐに芽が出て、水をかけると雲の上までのびる。「もどれ」と言うと、一瞬で豆にもどる。

(カラー1巻「ジャック豆」)

▶あっという間にのびる「ジャック豆」。

▶雲の上にとうちゃく！何をして遊んだ?

ウ 二人でおいかけっこした

イ 雲のプールで泳いだ

ア 天国を作った

175

Q3 「フワフワオビ」を返してもらうために踊った曲は?

『天人のはごろも』の劇のために、ドラえもんは「フワフワオビ」を貸す。ところがしずかちゃんがフワフワと浮かび、山奥まで飛ばされてしまった。オビを返してもらうために踊りを披露することになったが、どんな歌に合わせて踊りを踊った?

フワフワオビ
体にまきつけると、むかし話の『天人のはごろも』のようにフワフワと空に浮かぶ。

（2巻「しずちゃんのはごろも」）

▶むかし話のはごろもそっくりな「フワフワオビ」。

あら、ほんとに。

▶バレエならならったけど……、音楽がないとおどりにくいな。

▶音楽があれば…。このおじさんはどんな歌を歌った?

⑦ しずかなごはんの森のかげから

♪しずかなごはんの森のかげから♪

⑦ ソーラン節

♪ヤーレンソーランソーランソーラン。♪

⑦ ドラえもんの歌

こんなこといいなできたらいいな

176

Q4 「ようろうおつまみ」で酔ったママは何をした?

自由にお酒を飲ませてもらえないパパのために、ドラえもんは「ようろうおつまみ」を出す。このおつまみを食べながら水を飲むと、おいしいお酒に変わるのだ。では、お酒を飲んで酔っぱらったママはどんなことをした?

ようろうおつまみ

(10巻「ようろうおつまみ」)

むかし話『ようろうのたき』のように、このおつまみを食べながら水を飲むとおいしいお酒に変わる。

▼お酒を飲んだママはどうなる?

▲おつまみを食べながら水を飲むと、水が上等のウイスキーに!

ウ
テーブルの上でゴーゴーを踊った

イ
ひょうきんなギャグを言った

ア
屋根に上った

クイズの答え

A1 ウの荷物運び。

小づちから出た十円玉が転がって、荷物の下に入ってしまったのだ。

A2 ウ。

「雲かためガス」で雲をかためて、二人でおいかけっこをしたよ。

A3 イのソーラン節。

ソーラン節でバレエを踊ったのだ。

A4 ア。

屋根に上って歌を歌い始めちゃったんだ。

28 銃型のひみつ道具 アレコレ篇

銃の形をしたいろいろなひみつ道具が大集合！ 形は銃型でも、夢を見させたり幸運をさずけたり、その効き目はさまざま!!

Q1 「ツモリガン」で見た自分勝手な夢の内容は?

「ツモリガン」はこれからしようとすることを夢で見せて、本当にしたような気にさせる道具。では、のび太がしずかちゃんの前で自分を撃って見た、勝手な夢の内容は?

ツモリガン
これからしようとすることを夢で見させて本当にしたような気分にさせる道具。

(20巻「ツモリガン」)

▲のび太をなぐろうとするジャイアンに夢を見させて、なぐった気にさせた!

▼ジャイアンは満足げ。

ウ
およめさんに
してあげた

イ
ヒーローになって
空を飛んだ

ア
とらわれのしずかちゃんを
助けた

Q2 のび太のママはどんな幸運に恵まれた?

「ラッキーガン」は赤三発、黒一発の玉が入っていて、赤が当たるとその日一日幸運に恵まれる。では、赤玉が当たったのび太のママは、どんな幸運に恵まれた?

ラッキーガン

(4巻「ラッキーガン」)

「ラッキーガン」は赤三発、黒一発の玉が入っている。赤が当たるとその日一日幸運に恵まれ、黒玉だとろくなめにあわない。

▼赤玉に当たると気分も楽しくなってくる。

▲一発だけ入っている黒い玉に当たると、ろくなめにあわない。

ウ 宝くじが当たった

イ お花の先生にほめられた

ア おみやげのハンドバッグをもらった

Q3 鳴かない鳥に「ゲラメソプンピストル」を撃ったら…？

笑いだま、なきだま、おこりだまの3種類の玉を発射できる「ゲラメソプンピストル」。なかなか鳴かない鳥を鳴かそうと、のび太が「ゲラメソプンピストル」を撃ったらどうなった？

ゲラメソプンピストル

(全集11巻「ゲラメソプンピストル」)

笑いだま、なきだま、おこりだまを発射できる。それぞれのたまに能力があり、おこりだまに当たると強くなる。

▶ピストルに撃ちたい玉をこめて発射する。

▶怒っていたママもたちまち笑い出す。

ゲラゲラゲラ。

▶ ア とてもいい声で鳴きだした

チュルルル…チュッチュッチュッ♪

▶ イ 「う゛え〜ん」と泣きだした

う゛え〜ん う゛え〜ん。

▶ ウ ジャイアンの声で鳴きだした

ボエ〜〜

182

Q4 「細胞縮小き」を連発した恐竜はどうなった?

「細胞縮小き」で恐竜を捕まえようとしたのび太だが、あまりの怖さに何発も連射してしまった。さて、いったい恐竜はどうなった?

細胞縮小き
生物の細胞を縮めて、小さくすることができる。

(2巻「恐竜ハンター」)

▼何発も何発もくりかえし光線を連射するのび太。いったい恐竜はどうなってしまうのか!?

▲巨大な植物も一発で小さく縮んでしまう。

ウ 恐竜人に進化した

イ 別の動物になった

ア ものすごく小さくなった

クイズの答え

A2 ⑦の ハンドバッグ。

ママの友だちが海外旅行でハンドバッグをおみやげに買ってきてくれたのだ。

A1 ⑨のおよめさんにしてあげた。

泣いて喜ぶところを想像していた。本当に勝手な想像だよね。

A4 ⑦。

連射のしすぎでアリのように小さくなってしまった。

A3 ⑦。

"なきだま"を発射して、「うえ〜ん」と泣きだした。飼い主もこまり顔。

29 小さくなる ひみつ道具篇

相手を小さくしてこらしめたり、小さくなって大冒険を楽しんだり！小さくなっても、楽しさは大きい！　小さくなるひみつ道具についてのクイズだよ！

Q1 小さくなったのび太がジャイアンをやっつけた方法は?

買ったばかりのアイスをジャイアンに取られたのび太。「いっすんぼうし」を使ってしかえしをしようとするが、試しに自分でかぶったら、なんと脱げなくなってしまった。小さくなってしまったのび太は、ジャイアンにどうやってしかえしした?

いっすんぼうし

小さなサイズのぼうしをかぶると、あっという間にぼうしサイズに体が縮んでミニサイズになることができる。

(16巻「いっすんぼうし」)

▲ジャイアンに追われて絶体絶命!!

▲元のサイズに戻るには、帽子を脱げばいい。

▼かぶるとすぐに体が縮む。

ウ 服の中に入ってくすぐった

イ ジャイアンの母ちゃんを呼んだ

ア せなかのオデキをつぶした

186

Q2 小さくなったみんなは巨大な池をどう渡った？

小さくなったのび太が乗ったラジコン飛行機がうら山につい落。「ガリバートンネル」で小さくなってのび太の救出に向かえば大冒険が楽しめる、とスネ夫やジャイアンもついてきた。湖のように巨大な池を渡るために、どんな手段を取った？

ガリバートンネル

大きな入口から入って、小さな出口から出れば、みんなまとめてミニサイズに！

(22巻「のび太救出決死探検隊」)

▲小さくなれば、ただのうら山もうっそうとしたジャングルに！

「ゆだんするな！ジャングルには、どんな猛獣や毒ヘビがひそんでいるかわからないぞ。」

「池へ出た。」
「湖といえよ。」
「どうやってわたろう。」

▲小さくなったみんなは、湖のようになった池をどう越える？

ウ 強力な磁石で飛びこえた

イ クツをボートにして乗った

ア ツバメの背中に乗った

Q3 ドラえもんがどうしても見たかった番組ってな〜んだ？

半分こ刀

(42巻「半分の半分のまた半分…」)

テレビが一台しかないのに見たい番組が重なって、のび太とドラえもんがチャンネル争い！ひみつ道具の「半分こ刀」でテレビを切ると、1/2サイズのテレビが2台になった。さて、ドラえもんがどうしても見たかった番組は何？

この刀で切ると、なんでも元の大きさの半分のサイズに切り分けることができる。機能などは本物と変わらない。

◀ 切れ味バツグン！スパッとまっ二つ！

▲ 1/2サイズだけどちゃんと映るテレビが2台になった。

二台になった。

ウ
いーや、「日本全国タケコプターめぐり」だ！

日本全国タケコプターめぐり

イ
いーや、「全日本キャットショー」だ！

全日本キャットショー

ア
いーや、「ドラやき早食い王決定戦」だ！

ドラやき早食い王決定戦

188

Q4 のび太は「いただき小ばん」でどこに行った?

歩かないでどこにでも行ける道具はないかとのび太にねだられ、小さくなって人にくっつき移動できる「いただき小ばん」を取り出したドラえもん。では、のび太はこの道具でどこに行った?

いただき小ばん
(13巻「いただき小ばん」)

小ばんいただき(小ばんざめ)のようにだれかにくっつき、別のところに移動できる。

▲ぐうたらな願いごとをするのび太。

▼通りかかった人の背中にくっついて運んでもらえる。

▲小さくなってドラえもんにくっついたのび太はどこに行きたかった?

ウ トイレに行きたかった

イ ごはんが食べたかった

ア 見たいテレビがあった

クイズの答え

A1 ウ。

くすぐってあやまらせたよ。

A2 イのクツだ。

クツをボートのようにしてみんなでこいで渡ったんだ。

A3 イの「全日本キャットショー」。

日本中のすばらしいネコが登場する番組だ。

A4 ウのトイレ。

トイレに行きたかったけど、めんどうだったんだ。なまけものだね〜。

30 性質を変える ひみつ道具篇

雲が水のようになったり、水が鉄のようになったり大変身!? 物体の性質をいろいろに変えることができるひみつ道具を集めたクイズだよ!!

Q1 雲を切り分けるのに使った道具はどれかな?

「うき水ガス」は空に浮いた雲を水に変えることができる道具。これを使えば空の上に大きなプールを作ることができるんだ! では、と中から参加したジャイアンとスネ夫のため、雲を切り分けるのに使った道具は次のうちどれかな?

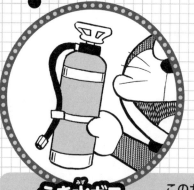

うき水ガス

このガスをふきつけると、空に浮いたまま雲を水に変えることができる。

(14巻「雲の中のプール」)

▼だれにもジャマされない、自分専用のプールでのんびり泳ぐことができる。

▲「プシュ」とふきかければ、たちまち雲が水になる!

水切りのこぎり

けしきカッター

切りとりナイフとフォーク

Q2 「水ビル」を作るため出かけた場所は?

「水加工用ふりかけ」は、水をさまざまな性質に変えることができる道具。この道具でひんやりと過ごせる「水ビル」を作ろうと思い立ったのび太たちが、大量の水を用意するために出かけた先は?

水加工用ふりかけ

(23巻「水加工用ふりかけ」)

水の性質を変えるふりかけのセット。粘土ふりかけで形を作ってスポンジふりかけで整えたり、鉄ふりかけで固めることもできる。

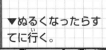
▼ぬるくなったらすてに行く。

▲発泡スチロールのようにすることも。

▲「水ぶとん」ですずむドラえもん。

ウ 広い広い海

イ スネ夫の家の大きな池

ア 水がいっぱいある川

Q3 「がんじょう」を使ってのび太がやろうとしたことは!?

「がんじょう」は、飲むと体が鉄のように固くなる道具。のび太はこの道具を使って何をしようとした？

がんじょう

ひとつぶ飲むだけで、全身が鉄のかたまりのように固くなる。ただし、効き目は10分しか続かない。

(プラス2巻「なぐられたってへっちゃらだい」)

▼ただし、「がんじょう」の効き目は10分しかもたない。

▲飲むと手のひらで石をくだくこともできる！

ウ しりずもうで勝とうとした

イ らんぼう者をやっつけようとした

ア 長い間立っていても平気なようにした

194

Q4 のび太が目撃した、ジャイアンのひみつとは!?

人間の体を、液体や気体に変えることができる「サンタイン」。体を煙のようにかえてジャイアンの家に入り込んだのび太が目撃した、ジャイアンのひみつとは!?

サンタイン

一つぶのめば液体、二つぶで気体になることができる。

(33巻「サンタイン」)

▲一時間で元の状態に戻ることができる。

▼水のようにペターっとなったり、煙のようにフワフワになれる。

ウ
0点の答案

イ
ままごと遊び

ア
でべその大きさ

クイズの答え

A1 ウの「水切りのこぎり」。

「水切りのこぎり」で切ったよ。

A2 ウの海。

広い広い海に行ったんだ。

A3 イのらんぼう者たいじ。

ジャイアンを泣かせたげんこつげんごろうをたいじしたよ。

A4 ウの0点の答案。

机の引き出しにかくしていたんだ。

31 カメラ型の ひみつ道具篇

カメラのかたちをしたひみつ道具が大集合! 未来のカメラはただ写真を撮るだけじゃない!! キミはクイズに何問答えられるかな?

Q1 30分前のドラえもんは何をしていた?

「おくれカメラ」はめもりを合わせれば少し前の出来事を写し出すことができる道具。では、30分前にドラえもんがのび太の部屋でしていたことは?

おくれカメラ

(12巻「おくれカメラ」)

現在ではなく、さっきの出来事を写すカメラ。めもりを合わせると、その時間にその場所で起こった出来事を写すことができる。

▶レンズ周りのめもりを合わせると、その時間にその場所であった風景が写る。

めもりをあわせる。

▲三十分前にめもりを合わせてのび太の部屋を撮影。何が出るかな?

ケン玉

ドラやきを食べていた

ヨーヨー

198

Q2 「めんくいカメラ」に気に入られようとした工夫は?

「めんくいカメラ」はきれいな顔しか写さない変わったカメラ。カメラが認めない顔は写らない。このカメラを向けられたドラえもんは、どんな工夫をした?

めんくいカメラ

きれいな顔が好きなカメラ。カメラが認めない顔は写してくれない。

(8巻「めんくいカメラ」)

▼「めんくいカメラ」に認められなかったのび太の顔は写っていない!

▲「めんくいカメラ」を貸ししぶるドラえもん。

ウ おけしょうした

イ スマートになった

ア おしゃれをした

Q3 宿題をやる気になるために作ったプラモは?

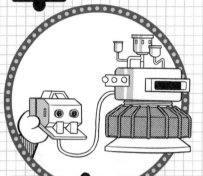

「プラモ化カメラ」はどんなものでもプラモにすることができる道具。さて、宿題をやる気になるために、のび太はどんなプラモを作った?

プラモ化カメラ

(28巻「百丈島の原寸大プラモ」)

人物や機械など、どんなものでも写真に撮ってスケール(大きさ)を指定すれば、箱入りの状態で出てくる。

▼1/2スケールののび太。そっくりだ。

▲自分で組み立てるのが楽しい。

▲箱づめされたパッケージで出てくる。

ウ 出木杉

イ しずかちゃん

ア 先生

200

Q4 おみやげの中身は何だった?

「XYZ線カメラ」は中身をすけて写すカメラ。このカメラでお客さんが持ってきたおみやげを撮影したのび太。中身は一体何だった?

XYZ線カメラ
(10巻「XYZ線カメラ」)

中身を写すことができるカメラ。透け具合を調節すれば、たとえば本を一冊まるごと写すこともできる。

▼お客さんが持ってきたものは何だったかな?

▲本の中でも家の中でも、中を写し出すことができる。

ウ せっけん

イ 高そうなお酒

ア くりまんじゅう

201

クイズの答え

 A2 ⓒのおけしょう。

気に入られようとおけしょうしたんだ。

 A1 ⓑのドラやき。

一人でドラやきを食べていた。

 A4 ⓒのせっけん。

せっけんとわかったのび太は失礼なことを言っている。

A3 ⓐの先生。

先生のプラモで宿題がはかどった。

32 虫の形をしたひみつ道具篇

チョウのように舞いハチのように刺す！虫の特殊能力はあなどれない！虫の形をしたひみつ道具にまつわるクイズだよ！

Q1 ママ大激怒! のび太がしたことは何?

ママを怒らせてしまったのび太は、「シズメバチの巣」を使ってママの怒りをしぼませる。では、のび太のママをとんでもなく怒らせた、のび太がしたこととは何?

シズメバチの巣

(36巻「シズメバチの巣」)

「シズメバチの巣」から出てきたハチ型ロボットが怒っている人をレーザー光線で刺すと、怒りの心が風船のようにはじけてしぼむ。

▶のび太のママの怒りの心も、あっという間にしぼんで消えてしまう。

ウ ママのねごとをろく音してみんなに聞かせた

イ 服をよごした

ア 0点をとった

Q2 どぶそうじ中にのび太が見つけたものは!?

「カネバチ」は、あちこちに落ちているお金を拾って巣に持ち帰ってためるハチ型のロボット。でも、のび太がドラえもんに「カネバチ」をだしてもらうきっかけになった、どぶそうじをしている時に見つけたものは何だった？

カネバチ

落ちているお金を拾っては、せっせと巣に持ち帰ってためるロボット。

(8巻「カネバチはよく働く」)

▼あっという間に巣箱がお金でいっぱいに！

▲お金をかぎつけてせっせと運んでくる。

ウ 定期券

イ ダイヤの指輪

ア 百円玉

Q3 自分を無視するジャイアンにしたちょっかいは!?

のび太を無視するジャイアンをこらしめるために、ドラえもんは「無視虫」を出す。それでは、無視しようとするジャイアンに、のび太はどんなちょっかいをかけた?

無視虫

（プラス5巻「無視虫」）

「無視虫」は、無視しようと決めた相手にうっかり話しかけると刺すムシの形をしたロボット。

▼無視しきれずのび太に反応すると、「無視虫」に刺されてしまう。

▲虫かごから出した「無視虫」をジャイアンにたからせる。

ユーレイになっておどかした

トイレのじゃまをした

ボールをぶつけた

206

Q4 「くすぐりノミ」の力で笑っていないのはだれ?

「くすぐりノミ」にたかられると、どんなに落ち込んでいても大笑いせずにはいられない。では、次のうち「くすぐりノミ」の力で笑っていないのはだれ?

くすぐりノミ

「くすぐりノミ」にたかられると、どんなに悲しい時でも必ず笑ってしまう。

(大全集8巻「くすぐりノミで笑おう」)

▶笑っちゃいけない場面でもこらえることができない。

きんぎょが
シクシク
死んじゃったの。
それは
ゲラゲラ
ああおかしい。

▶「くすぐりノミ」にたかられて、笑い転げるドラえもん。

ウ 学生

イ ジャイアン

ア 犬

クイズの答え

A2 ⑦の百円玉。

「もうかった！」と大喜びするのび太。

A1 ⑦のねごと。

ママの怒りが大爆発！

A4 ⑦の学生。

学生は「くすぐりノミ」じゃなく、落語を聞いて笑っていたんだ。

A3 ⑦のトイレ。

「通りぬけフープ」でトイレのじゃまをしたんだ

33 元にもどす ひみつ道具篇

失敗をなかったことにしたい…、壊れたものを新品にしたい…。その願い、ひみつ道具でかなえましょう! いろいろなものを元にもどす道具についてのクイズだよ!

Q1 「全体復元液」でのび太が復元したものは？

お客さん用に取ってあったドラやきを食べてしまったドラえもんは、「全体復元液」を使ってドラやきを元の形にもどす。半分になったドラやきを見たのび太はとてもいいことを思いつく…！さて、「全体復元液」を使ってのび太がためしに復元したものは次のうちどれ？

全体復元液

小さなかけらさえあれば、元の姿を復元することができる。

(プラス2巻「全体復元液」)

▶▼ドラやきのかけらに一滴たらすと、あわが吹き出して元の姿に！

▲食べもの以外でも、本やものなども元にもどせる。

ウ ロボットとためになる本

イ おもちゃとまんが

ア カビンとくりまんじゅう

Q2 身の回りのものは何からできている!?

もどりライト

このライトをあてると、元の原料にもどる。原料は丸ごとの姿で出てくる。

(13巻「もどりライト」)

身の回りのものの原料を調べる宿題を出されたのび太は、「もどりライト」を使って元の姿にもどし始める。下の❶～❸の原料は、㋐～㋒のどれだろう?

▶▼ノートは紙でできている。ではその紙の原料は？紙は材木を溶かしてパルプを作り、それをすいて作るのだ。30分経ったら元のノートにもどる。

❶ ちゃわんとどんぶり

ちゃわんやどんぶりは？

㋐ 石油
あらら、とけちゃった。石油だからね。

❷ 金物

金物は？

㋑ どろ
どろのかたまりだ。ねん土を焼いたんだ。

❸ プラスチック

プラスチックは？

㋒ 鉄鉱石
鉄鉱石だよ。

Q3 のび太が50回もくり返して聞いた言葉は!?

「現実ビデオ化機」は、ビデオのように現実を巻きもどしたり止めたり、自由に操作できる。のび太が50回もくり返したという、しずかちゃんから言われてうれしかった言葉は次のうちどれ?

現実ビデオ化機

(35巻「空ぶりは巻きもどして…」)

現実に起きた出来事を、巻きもどし、スロー、クイック、ストップなど、ビデオのように操作することができる。

▼食べる前の状態にもどる!

▲食べてしまったドラやきも「巻きもどし」を使えば…。

ウ きちんと勉強したらもっと好きと言われた

イ すてきだったと言われた

ア たよりになるのねとほめられた

Q4 ナゾの石を「タイムふろしき」で包んだら!?

「タイムふろしき」は、包んだものの時間を進めたり、さかのぼったりすることができる道具。のび太が発見したナゾの石を「タイムふろしき」で包んで時間をもどすと、何になった？

タイムふろしき
これで包むと包んだものを昔にかえすことができる。裏返して包むと時間が進む。

(10巻「のび太の恐竜」)

▼この石(?)の正体は!?

▲のび太はこの石を恐竜のタマゴと信じて疑わないが…？

ウ
恐竜のタマゴ

イ
木の実

ア
ナウマン象のウンコ

クイズの答え

A1 イ。

おもちゃとまんがだ。

A2 以下のとおり!

❶-イ、❷-ウ、❸-ア。

A3 イ。

くり返しすぎて、しずかちゃんののどがからからになってしまった！

A4 ウのタマゴ。

のび太の予想どおり、恐竜のタマゴだったぞ！

34 願いをかなえる ひみつ道具篇

キミはかなえたい願いごとってあるかな？これを読めば願いがかなっちゃうかも!? クイズをといて、ひみつ道具にくわしくなろう！

Q1 「チョージャワラシベ」でのび太が願ったものは？

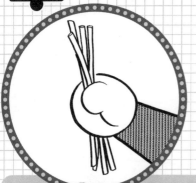

「チョージャワラシベ」は一見ただのワラにしか見えないひみつ道具。この道具を持って物々交換をくり返していく内に願いがかなうのだ。では、のび太がほしいと願ったものは一体何？

チョージャワラシベ

(13巻「チョージャワラシベ」)

これを持ってうろうろしていると、むかし話「わらしべ長者」のように段々願いに近づき実現することができる。

▼のび太が「チョージャワラシベ」に願った願いとは…？

▲ドラやきが食べたいというドラえもんの願いはかなうのか。

▲見事にドラやきをゲットすることができた！

グローブ

ラジコン

ガム

Q2 願って出てきたのはどんなドラやき?

「のぞみ実現機」は、どんな願いごともかなえてくれる夢のようなひみつ道具。ただし、効き目の調節が難しいのが難点。では、ドラえもんの願いがかなって出てきたのはどんなドラやきだった?

のぞみ実現機
(42巻「やりすぎ！のぞみ実現機」)

その名のとおり、のぞみを実現してくれる機械。ただし効き目の調節が難しく、ヘタするととんでもなくオーバーな反応が起きてしまう。

▼「はらいっぱい食べたい」と願ったドラえもん。一体どんなドラやきが出てくる?

▲「のぞみ実現機」を慎重に操作するドラえもん。デリケートな調節が求められる道具なのだ。

ウ 怖〜い人食いドラやき

イ レアなメニュー ドラステーキ

ア 超巨大なドラやき

217

Q3 「しあわせトランプ」で最初にかなえた願いは?

「しあわせトランプ」は願うだけで望みをかなえてくれる道具。一つ願いをかなえるごとに一枚ずつカードが消える。では、のび太がいちばん最初にかなえてもらった願いはなんだった?

しあわせトランプ
(27巻「しあわせトランプの恐怖」)

持ち主ののぞみを、なんでも自動的にかなえてくれる。ひとつかなえるごとに一枚カードが消え、最後にジョーカーが残るとそれまでのうめあわせで不幸が束になって降りかかってくる。

▼52枚のトランプで願いをかなえ、最後にジョーカーが残った時、持ち主に不幸が降りかかる。

▲「しあわせトランプ」は、52枚＋ジョーカーのトランプセット。

ウ しずかちゃんとババぬき

イ 札束を拾う

ア 新しいあやとりを発明!

218

Q4 「神さまロボット」はどれかな?

「神さまロボット」は老人の姿をしたロボットで、助けてあげると3つの願いをかなえてくれる。それでは、次のうち「神さまロボット」はどれ?

神さまロボット
(28巻「神さまロボットに愛の手を!」)

相手の心をためすため、みすぼらしい身なりをしているロボット。助けてくれた相手の3つの願いをかなえる。

わしは、そこの洋服屋の主人です。
新しい服でべんしょうしましょう。

やく、すみません!!

▶新しい服をほしがったしずかちゃんの願いもかなえてくれた。

ウ

イ

ア

クイズの答え

 A2 ㋐の超巨大なドラやき。

 A1 ㋒のグローブ。

超巨大なドラやきをドラミが持ってきた。

スポーツ用品店の社長を助けてグローブをもらった。

 A4 ㋑が「神さまロボット」だ。

 **A3** ㋒。

㋐は「ふくびんコンビ」の福の神。
㋒は仙人ロボットだ。

ババぬきをしたいと願ったらしずかちゃんがやって来て驚いた。

さくいん

この本に登場したひみつ道具約270種を五十音順に並べて、具体的にどのページにのっているかをまとめました。名前しか出ていない場合は、ページ数を記しています。

あ

あべこべ世界ミラー ... 106
アベコンベ ... 169
あらかじめアンテナ ... 31
アンキパン ... 114
イージー特撮カメラ ... 59
家の感じ変換機 ... 61
石ころぼうし ... 117
異説クラブメンバーズバッジとマイク ... 49・108
いたずらオモチャ化機 ... 124
いただき小ばん ... 189
いっすんぼうし ... 186
いつでもスキー帽 ... 82
イマニ目玉 ... 130
イメージ灯 ... 119
イメージベレーぼう ... 97
入れかえロープ ... 120
インスタントミニチュア製造カメラ ... 43
インスタント旅行カメラ ... 60・61
インスタントロボット ... 61
うき水ガス ... 171
うちでの小づち ... 192
宇宙救命ボート ... 174
宇宙探検ごっこヘルメット ... 21
宇宙の素 ... 66
エスパーぼうし ... 107
XYZ線カメラ ... 95
N・Sワッペン ... 60・201
絵本入りこみぐつ ... 109
エレベーター・プレート ... 82
遠写かがみ ... 15
大げさカメラ ... 60
オーバーオーバー ... 125
おくれカメラ ... 198
おざしきつりぼり ... 143
おっかけベルト ... 141
お年玉ぶくろ ... 26
おはなしバッジ ... 55
おもちゃの兵隊 ... 171
音楽イモ ... 148

か

ガードしおまねき ... 171
階級ワッペン ... 59
怪談ランプ ... 158
かくれマント ... 48
カチカチカメラ ... 61
カチンカチンライト ... 119
カネバチ ... 171・205
神さま雲 ... 107
神さまロボット ... 219
カムカムキャット ... 171
カムカムキャットフード ... 6
からだねん土 ... 101
ガリバートンネル ... 187
カンゲキドリンク ... 117
がんじょう ... 194
カンヅメカン ... 117
きこりの泉 ... 90
きせかえカメラ ... 61
逆重力ベルト ... 141
驚音波発振式ネズミ・ゴキブリ・南京虫・家ダニ・白アリ退治機 ... 89
切りとりナイフとフォーク ... 192
クイズパズル光線 ... 118
クイック ... 39
くすぐりノミ ... 207
暗くなる電球 ... 158
けしきカッター ... 192
月光とう ... 169
ゲラメンプンピストル ... 182
原子力潜水艦型ゼンマイ式潜地艦 ... 117
現実ビデオ化機 ... 119
原料ライト ... 212
コエカタマリン ... 119
声のキャンデー ... 147
ゴーゴードッグ ... 149
ゴーホーム・オルゴール ... 171
コーモンじょう ... 171
氷ざいくごて ... 71
こっそりカメラ ... 83
ココロチョコ ... 78
コピーロボット ... 61
コベアベ ... 171
コピロボット ... 65
こまどりカメラ映写機 ... 91
ゴルゴンの首 ... 61
ころばし屋 ... 88
コンチュー丹 ... 171
コントロールステッキ ... 169
コンピューターペンシル ... 107

さ

- サイオー馬（さいおーば）…… 30・59
- 材質変換機（ざいしつへんかんき）…… 171
- さいなん報知器（さいなんほうちき）…… 118
- 細胞縮小き（さいぼうしゅくしょうき）…… 113
- さいみん貯金箱（さいみんちょきんばこ）…… 183
- サウンドカメラ …… 24
- さかさカメラ …… 61
- サンタイン …… 61
- 三輪飛行機（さんりんひこうき）…… 195
- しあわせトランプ …… 19・44・62
- ジェット・モグラ …… 218
- 時間ナガナガ光線（じかんながながこうせん）…… 170
- シズメバチの巣（しずめばちのす）…… 119
- 実用ミニカーセット …… 204
- シテクレジットカード …… 141
- 時門（じもん）…… 73
- ジャック豆（じゃっくまめ）…… 37
- ジャンボ・ガン …… 175
- 重力ペンキ（じゅうりょくぺんき）…… 89
- 瞬間移動潜水艦（しゅんかんいどうせんすいかん）…… 59
- 瞬間固定カメラ（しゅんかんこていかめら）…… 143
- 瞬間成長ミニチュアけい流魚（しゅんかんせいちょうみにちゅあけいりゅうぎょ）…… 60
- 職業テスト腕章（しょくぎょうてすとわんしょう）…… 160
- 正直太郎（しょうじきたろう）…… 44
- 新種植物製造機（しんしゅしょくぶつせいぞうき）…… 171
- のタマゴ …… 142
- スカンタコ …… 171
- スケジュールどけい …… 170
- 砂男式さいみん機（すなおしきさいみんき）…… 54
- スパイセット …… 143
- スモールライト …… 39
- スロー …… 170
- 税金鳥（ぜいきんどり）…… 25・170
- 全体復元液（ぜんたいふくげんえき）…… 118
- 成長そくしんライト（せいちょうそくしんらいと）…… 117・171・210
- 潜地服（せんちふく）…… 167
- 仙人ロボット（せんにんろぼっと）…… 219
- 創世セット（そうせいせっと）…… 107
- そう難ごっこの山（そうなんごっこのやま）…… 142
- ソーナルじょう …… 13
- そっくりクレヨン …… 32
- そっくりペットフード …… 79

た

- ターザンパンツ …… 79
- タイムカメラ …… 61
- タイムトリモチ …… 129
- タイムふしあな …… 38
- タイムふろしき …… 213
- タイムホール …… 129
- タイムライト …… 118
- 代用シール（だいようしーる）…… 28
- タケコプター …… 62・65・82・120
- ただ見セット（ただみせっと）…… 54
- タチバガン …… 42
- 立ちユメぼう（たちゆめぼう）…… 94
- ダッピ灯（だっぴとう）…… 119
- タマゴ産ませ燈（たまごうませとう）…… 118
- 断想ビジョン（だんそうびじょん）…… 154
- タンマウオッチ …… 36
- 地球はかいばくだん（ちきゅうはかいばくだん）…… 89
- ちく電スーツ（ちくでんすーつ）…… 165
- チッポケット二次元カメラ（ちっぽけっとにじげんかめら）…… 61
- チャンスカメラ …… 60
- チューケンパー …… 170
- チョージャワラシベ …… 216
- ツモリガン …… 180
- テキオー灯（てきおーとう）…… 118
- デビルカード …… 27
- デラックスライト …… 119
- 動物粘土（どうぶつねんど）…… 108
- 動物変身恩返しグスリ（どうぶつへんしんおんがえしぐすり）…… 7
- 動物変身ビスケット（どうぶつへんしんびすけっと）…… 76
- 動物ランプ（どうぶつらんぷ）…… 119
- とう明マント（とうめいまんと）…… 169
- 道路光線（どうろこうせん）…… 118
- 通りぬけフープ（とおりぬけふーぷ）…… 117・206
- ドッキリビデオ …… 45
- トッカエ・バー …… 123
- トモダチロボット・ロボ子（ともだちろぼっと・ろぼこ）…… 170
- 取り消しゴム（とりけしごむ）…… 100
- トレーサーバッジ …… 54
- ドロン葉（どろんば）…… 8

な

- なかまいりせんこう …… 117
- なんでも空港（なんでもくうこう）…… 62
- ニクメナイン …… 102
- 人間じしゃくベルト（にんげんじしゃくべると）…… 141
- 人間ラジコン（にんげんらじこん）…… 169
- ぬいぐるみカメラ …… 61
- ぬいぐるみせいぞうカメラ …… 135・61
- ぬけ穴ライト（ぬけあならいと）…… 118
- ねがい星（ねがいぼし）…… 170
- 熱線銃（ねっせんじゅう）…… 89
- 念写カメラ（ねんしゃかめら）…… 60
- ネンドロン …… 103

のぞみ実現機 …… 60
のろいのカメラ …… 217

は

バードキャップ …… 96
ハーメルンのごきぶりぶえ …… 67
箱庭シリーズ …… 144
箱庭フレーム …… 142
はこ庭スキー場 …… 140
バショー扇 …… 117
パズル貯金箱 …… 24
ばっ金箱 …… 170
バッジ製造カメラ …… 61
花さかばい …… 158
ハネツキ機 …… 170
番犬貯金箱 …… 59
半分こ刀 …… 188
パンドラボックス …… 64
ピーアール …… 14・170
ピーヒョロロープ …… 119
ビッグライト …… 122
びっくり箱ステッキ …… 170
ヒミツゲンシュ犬 …… 170
ひょうろんロボット …… 170
ファンクラブ結成バッジ …… 56

ファンクラブ本部 …… 56
復元光線 …… 119
復元フード …… 79
ふくびんコンビ（福の神）…… 169・171
ふくびんコンビ …… 219
フクロマンスーツ …… 166
腹話ロボット …… 170
プラモ化カメラ …… 200
フリーサイズぬいぐるみカメラ …… 60・176
フワフワビー …… 152
ペーパーレーダー …… 20
ペタリ甲板 …… 152
ペットクリーム …… 79
ペットペン …… 33
ペットレーダー …… 118
ヘッドランプ …… 60
ヘリカメラ …… 164
変装服 …… 153
ほしい人探知機 …… 77
ほんやくコンニャク …… 155

ま

マグマ探知機 …… 193
松たけがり用「赤松山」…… 51
見えなくなる目ぐすり …… 142
水加工用ふりかけ …… 155

水切りのこぎり …… 192
水ビデオ …… 131
みせかけモテモテバッジ …… 57
みちび機 …… 115
ミチビキエンゼル …… 171
ムードもりあげ楽団 …… 170
むりやり貯金箱 …… 206
無視虫 …… 171
ムリヤリトレパン …… 59
名刀電光丸 …… 169
めだライト …… 119
メッセージ大砲 …… 146
目鼻ペン …… 100
めんくいカメラ …… 61・199
モーテン星 …… 72
もしもボックス …… 50
もちつきロボット …… 106
もどりライト …… 171
桃太郎印のきびだんご（キビダンゴ）…… 119・211

や

UFOカメラ …… 9・60
雪ぐもベース …… 84

雪ふらし …… 85
ユクスエカメラ …… 60
ゆっくり反射ぞうきん …… 128
ゆめグラス …… 172
ようろうおつまみ …… 177
よかん虫 …… 112
四次元三輪車 …… 18
夜昼ランプ …… 158

ら

ラジコンシミュレーター …… 137
ラジコン潜水艦セット …… 134
ラジコンねんど …… 136
ラッキーガン …… 181
流行性ネコシャクシビールス …… 12
0点の答案 …… 169
レーダー地図 …… 54
ろく音フラワー …… 161
六面カメラ …… 60
ロケットストロー …… 66

わ

わすれ鳥 …… 171
わすれろ草 …… 159

ビッグ・コロタン

ドラえもん
最新ひみつ道具クイズ

■原作	藤子・F・不二雄 ©藤子プロ
■監修	藤子プロ
■構成・文	秋山哲茂
■イラスト・ちがいさがし	佐藤光重、中野周平
■デザイン	工藤稔哉(そるど企画)
■協力	三上敏男
■スペシャルサンクス	熊澤淳(銅鑼屋)
■編集	村田直人
■制作	黒田実玖
■資材	斉藤陽子
■宣伝	内山雄太
■販売	藤河秀雄

2025年2月24日　初版第1刷発行

■発行人／縄田正樹
■発行所／株式会社小学館
〒101-8001　東京都千代田区一ツ橋2-3-1
TEL　編集03(3230)5445　販売03(5281)3555
■印刷所／岩岡印刷株式会社
■製本所／牧製本印刷株式会社
Printed in Japan
©小学館

●造本には十分注意しておりますが、印刷、製本など製造上の不備がございましたら「制作局コールセンター」（フリーダイヤル 0120-336-340）にご連絡ください。（電話受付は、土・日・祝休日を除く 9：30〜17：30）
●本書の無断での複写（コピー）、上演、放送等の二次利用、翻案等は、著作権法上の例外を除き禁じられています。
●本書の電子データ化などの無断複製は著作権法上の例外を除き禁じられています。代行業者等の第三者による本書の電子的複製も認められておりません。

ISBN978-4-09-259238-4